进化的力量

3

刘润 · 著

机械工业出版社
CHINA MACHINE PRESS

图书在版编目（CIP）数据

进化的力量. 3/ 刘润著 . —北京：机械工业出版社，2024.2（2024.12 重印）
ISBN 978-7-111-75081-9

Ⅰ.①进… Ⅱ.①刘… Ⅲ.①商业管理 – 通俗读物 Ⅳ.① F715-49

中国国家版本馆 CIP 数据核字（2024）第 035050 号

机械工业出版社（北京市百万庄大街 22 号 邮政编码 100037）
策划编辑：刘 静　　　　　　责任编辑：刘 静 王 芹
责任校对：郑 雪 张 薇　　　责任印制：郜 敏
三河市宏达印刷有限公司印刷
2024 年 12 月第 1 版第 3 次印刷
147mm×210mm·7.875 印张·3 插页·130 千字
标准书号：ISBN 978-7-111-75081-9
定价：69.00 元

电话服务　　　　　　　　　网络服务

客服电话：010-88361066　　机 工 官 网：www.cmpbook.com
　　　　　010-88379833　　机 工 官 博：weibo.com/cmp1952
　　　　　010-68326294　　金 书 网：www.golden-book.com
封底无防伪标均为盗版　　机工教育服务网：www.cmpedu.com

从 2021 年开始，我每年都会举办一场"进化的力量·刘润年度演讲"。

因为很多企业每年为下一年做年度规划的时间是在 11 ～ 12 月，所以我把年度演讲的举办时间定在了每年 10 月的最后一个星期六。

在每年的这一天，我都会用至少 4 个小时来仔细地与大家分享我在过去一年看到的那些变化、见到的那些"达尔文雀"，希望能够为企业家、创业者、管理者以及渴望成长的个人提供一些决策依据和思维启发。

我坚信这是一件极有意义的事。因此，我必须确保交出的是足够有价值的内容。否则，凭什么说它能为企业提供决策依据，凭什么说它能为个人提供思维启发？

为了使年度演讲足够有价值，我给自己设定了每年120 天的出差时间，用来保证那些"零距离"的输入。我经常说，商业顾问有两项极其重要的工作，一项是思考，另一项是寻找，而寻找比思考要重要得多。坐在办公室里是论不出什么道的，商业顾问一定要进入真实的商业世界，参访真实的企业，与真实的企业家、创业者、管理者交流，回答那些真实存在的问题。

经常有人问我："润总，你天天在外面跑来跑去，不辛苦吗？"说不辛苦，那是假的。但是，作为一名商业顾问，如果没有站在暴雨里感受过风险，没有踏入江水里感受过寒冷，没有与一线管理者、创业者、企业家交流过，我凭什么和大家讨论商业世界的生生不息？

那么，这 120 天的时间都用在什么地方了呢？

其中，有一部分时间属于问道中国。

我会花一些时间，陪同问道中国的企业家学员去参访那些我觉得特别值得学习的大型企业，与它们的创始人和高管交流。我们亲眼去看，亲耳去听，亲手去调研。很多东西，你不到现场去，是看不到，也发现不了的。

2023 年 8 月，我就和 20 多位来自电商、教育、服装、餐饮、游戏等行业的企业家去了一趟合肥，参访了三只羊网络、科大讯飞、阳光新能源，了解了它们在这快速变化的商业世界里到底都做对了什么。

回来之后，我仔细研究分析了它们的战略，解构了它们的组织，寻找令它们能适应这个时代的基因，破解它们商业进化的密码，终于搞清楚了它们到底做对了些什么。这些基因和密码对企业家、创业者、管理者以及所有对商业和自身职业生涯感兴趣的人来说，都有着巨大的启示意义。

但是，光参访成功的大型企业是远远不够的。如果只看这些企业，我很容易就会得出"岁月静好""天下没有难做的生意"的结论。我还得去看看那些基数更为庞大的中小企业。

所以，120 天的时间里还有一部分属于黑马私董会。

黑马私董会的每个小组约有 20 名成员，我会和他们互相分享信息，并讨论各自的想法和看法，以提高我们的决策水平。在这个过程中，成员们讨论的内容可能就和问道中国的成员们讨论的截然不同了，可能是流程影响了组织的灵活性怎么办，组织在关键时刻招不到人怎么办，原材料的成本太高了怎么办，等等。

更重要的是，黑马私董会提供了一个大家互相陪伴、一起成长的"场"。这个"场"会帮助我们训练对商业的真实体感，提供实际感知世界的机会。

但是，仅仅有问道中国和黑马私董会的输入还是不够，因为我一个人的理解仍然是片面的。一家之言，总是失之偏颇的。

我还得去向更有智慧的老师们请教。

可是，老师们都很忙，我很难有机会向老师们学习，和老师们面对面坐下来交流。怎么办？

所以，120 天里有 8 天的时间属于季度盛宴。

从 2023 年开始，每个季度我都会邀请几位行业内权威知名的老师和我一起用两天时间做主题分享。每位老师都会针对当下的形势进行深度思考，然后将其最精华的部分进行分享。来到现场的朋友能接触到频率、密度更高的闭门分享，而我也能获得大量高质量的输入。

问道中国、黑马私董会、季度盛宴，这 3 项活动算下来已经花去了 120 天的一大半。剩下的时间，我会交给那些相对不容易提前确定好的输入活动。

这些输入活动可能是演讲、讲座、研讨会、访问等。通过这些活动，我能够了解到某些行业独有的问题、某些企业迷茫的现状、某些用户对企业的反馈，等等。

我把自己当成一块海绵，浸在这 120 天里，疯狂吸水，疯狂输入。

　　120 天之外的时间又用在哪里了呢？扣除出差路上的时间，以及陪伴家人、睡眠、帮助团队成长这些必要的时间，剩下的时间大多用在了三个地方。

　　一是读书。

　　我的读书方式就像须鲸吃东西一样。须鲸是怎么吃东西的？大嘴一张，管它是浮游生物、小鱼小虾还是海水，先吞进体内，然后将有用的东西消化吸收，没用的东西喷出体外。

　　我通过阅读进行学习的过程也是一样。不管是什么类型的知识，先大量输入，然后把有用的知识挂在自己的认知之树上。一开始，这棵认知之树可能只是一棵小树苗，但随着持续地大量学习，它就会越来越茂密，最终长成参天大树。

　　我会在得到 APP 上随时随地地听书或者听课，大量地听，两倍速地听，走路去上班时听，去机场的路上听，早上洗漱、吃饭时听……就算有时候走神了也没关系，继续往下听。因为最重要的不是听到每一个字，而是大量输入，让知识穿过你的身体。当各种各样的知识穿过你身体的时候，你就会获得一些意料之外的收获。

　　你会发现，所有这些你和新知识的相遇，其实都是久别重逢。

二是读报告。

我的电脑里有一个文件夹，里面放的是我每天都要读的报告，有的来自麦肯锡，有的来自德勤，有的来自波士顿咨询……我每天一边读，一边继续往里加更多的报告，确保报告的数量维持在大约 1400 份。

为什么要读这么多报告呢？

我举个简单的例子。请问，在今天的中国宠物市场，是养猫的人更多，还是养狗的人更多？

如果我生活在一个身边大多数人养狗的环境里，我可能会很轻易地得出一个结论：养狗的人更多。但是，报告告诉我，养猫的人更多，因为猫不需要遛、比狗吃得少等。

"感觉"这个词是商业顾问的大忌，而报告就是用来打破这种大忌的。

三是进化岛。

进化岛是我们的唯一一个付费社群，也是一个持续经营了 5 年多的老业务。这个社群里有上万名"岛民"，有的来自教培行业，有的来自互联网行业，有的是创业者，有的是职场人。他们每天都会在进化岛上提问、交流、学习，我每天也会尽可能多地回答他们的提问，与岛民们交流。

这很重要，因为我能看到商业世界里的人都在关心哪些问题，因为哪些问题而感到困惑，比如人工智能会不会取代人类，多巴胺营销为什么突然火了，个人 IP 该怎么做等。而这些问题就是我在年度演讲中将一一解答的问题。

问道中国、黑马私董会、季度盛宴、读书、读报告、进化岛，这些是我能想到的比较全面的输入方式了。我一直坚定地相信，只有在走过这么多的路、见过这么多的人、读过这么多的书之后，我才能有足够的底气对大家说：欢迎你来到进化的力量·刘润年度演讲！

我用整整 11 个月的时间疯狂输入，再用几乎一整个 10 月的时间闭关。在这一个月里，我不上班，不开会，不见客户，只干一件事：把前 11 个月的输入打磨成一份 4 个小时的输出，让我的年度演讲有足够的分量和密度，真的如我前面所说，能为企业提供决策依据，能为个人提供思维启发。

最后，在 10 月的最后一个星期六，我用一场聚餐的时间，和大家一起聊聊过去一年商业世界都发生了什么样的变化、进行过怎样的"物竞"，并和大家一起看看未来一年里都有哪些值得关注的线索，能怎样帮助我们把握"天择"。

不过，年度演讲的时间是有限的，为了确保知识密度足够，所有内容都需要经过压缩，讲一个商业案例只能用不到 3 分钟的时间，因此，一些知识点可能来不及展开阐述，一些案例也很难具体解释。我在年度演讲现场讲了五六万字，而微信公众号发布的演讲全文受字数所限，缩编到了 4 万字，但我闭关一个月的逐字稿加上之前零星写作的素材总计约 10 万字（不含标点符号）。所以，每年年度演讲结束后，我都会将这些内容出版成书，希望将更多的知识和案例分享给大家，希望渴望成长、渴望进化你能通过阅读这些书获得更多帮助，汲取更多能量。

本书遵循 2023 年度演讲的逻辑，分为八章：寒武纪大爆发、增长收敛、人口老化、情绪生长、智能涌现、服务崛起、出海加速、逆风飞扬。在本书中，我会一一解答你心中关于未来商业世界的疑惑，这些疑惑可能是：

- 消费出现了分化，我的消费水平会升级，还是会降级？

- 三大产业出现了融合，那我所在的行业会不会被融合？会不会就彻底消失了？

- 人工智能到底是人类的重大机会还是灭顶之灾？它到底会取代哪些人？我会不会被取代？

- 色彩里有哪些学问？我能不能从年轻人的新爱好中赚到钱？

- 接下来的进出口状况会怎样？我能不能从中找到属

于我自己的机会？

- 人口老化到底会带来什么问题？劳动人口少了，就业不是应该更容易吗？

…………

时间的流逝让现在成为过去，让过去成为历史。未来已来，让我们一起理解变化，看透变化，拨开迷雾，更早看到未来！

最后，我要表达我的感谢。

我要感谢所有阅读本书以及在现场或直播间观看演讲的你们。你们有太多可以做的事，但你们选择了看这本书、听我的演讲。感谢你们的选择，你们的关注是我事业持续的动力。

我要感谢在过去一年里我参访过的企业、请教过的老师，我要感谢与我交流过的每一位创业者。你们的思考、行动，以及勇于冒险、绝不认输的精神，给了我巨大的力量。

我要感谢机械工业出版社华章分社的编辑们，是你们的专业与用心让这本书能更快地与大家见面。

祝愿所有人，就算遇到困难，也能逆风飞扬。

目录 ● CONTENTS

序言

第 1 章

寒武纪大爆发

世界扑朔迷离：一半海水，一半火焰

2023 年，很多人都在说"太难了"。

那么，什么叫作"难"？

请问：是把一个非常重的哑铃举起来叫作难，还是把一个混乱的线团解开叫作难？

一个哑铃非常重，你可能举不起来。但如果有人说，你把它举起来就可以得到 100 万元奖金呢？你可能会从此便开始练习，几个月后，就能将哑铃举过头顶。像这种你现在做不到但通过努力几乎一定能做到的事，就叫作"难"。

那解一个混乱的线团呢？如果不能从混乱中找到头绪，恐怕给你几年甚至几十年的时间，你也未必能把它解开。这种被混乱"封印"住的问题，就叫作"复杂"。

"难"和"复杂"，都让人苦恼。但这两者是不一样的。"难"的反面是"容易"，它们之间是努力程度的差别。而

"复杂"的反面是"简单",它们之间是混乱程度的差别。

那么,2023 年是难,还是复杂呢?我的答案是:复杂。

这种复杂究竟体现在哪里呢?

上海虹桥高铁站是中国最繁忙的高铁站之一,高峰时期,每天能发送旅客三四十万人[⊖]。2023 年 4 月 28 日,在"五一"小长假即将开始前,虹桥高铁站发布了一则公告:上海虹桥站当日发往全国各站的车票均已售完。这不是指到北京、西安、武汉的车票售完,也不是指商务座、一等座的车票售完,而是指到任何地方、任何座席的车票全部售完。这不由得让人感慨:疫情后的第一个小长假实在是太火爆了,火爆到铁轨都是滚烫的。

"五一"火爆的不只是上海虹桥高铁站,还有圆明园遗址公园(简称圆明园)这样的景点。在第二次鸦片战争中,宏伟秀丽的圆明园被英法联军烧成了一片废墟。在这里珍藏的 150 万件文物,上至我国先秦时期的青铜礼器,下至唐、宋、元、明、清历代的名人书画和各种奇珍异宝,都被洗劫一空。十二生肖兽首铜像也自此流失海外,成为中

　　⊖　光明网. 铁路上海站发送旅客 64.8 万余人次,破单日历史最高纪录 [EB/OL].(2021-05-02)[2023-11-04].https://m.gmw.cn/baijia/2021-05/02/1302268478.html.

国人百年来心中难以忘怀的痛。后来，在众多爱国人士的努力下，牛首、猴首、虎首等七尊兽首铜像才回归祖国的怀抱，而剩下的五尊至今仍然下落不明。每个中国人，都应该去圆明园看看。但是，2023年"五一"期间，圆明园线上门票预订页面却显示，2023年4月29日至5月1日，成人票和未成年人票余票均为零。据说，这是圆明园被烧毁163年以来门票第一次售罄。

2023年的旅游业，实在是太火爆了。

根据文化和旅游部公布的数据，2019年"五一"期间，全国国内旅游共接待游客1.95亿人次；2020年"五一"期间，这一数字降到了1.15亿人次；2021年"五一"期间，出游人数大幅回升，涨到了2.3亿人次；但2022年"五一"期间，出游人数却再次下降，降到了1.6亿人次。那2023年呢？2023年"五一"期间，出游人数"报复式反弹"到了2.74亿人次！

2.74亿，这个数字差不多相当于全球第四人口大国印度尼西亚的人口总数。从这个角度来看，旅游业已经全面复苏了。

下面，我们换一个角度。

据文化和旅游部数据测算，2023年"五一"期间，我国旅客的人均旅游消费是540.35元，相比2019年同期的

603.44 元，下降了 10.46%。[⊖]

　　只要出门，就要花钱。但是，2023 年"五一"比 2019 年"五一"，每个游客平均少花了 63.09 元。出游人数变多了，人均花费却变少了，情况有点复杂。是因为消费降级了吗？

　　2023 年 4 月底至 5 月初，麦肯锡做了一次中国消费者动态调查，在受访的 1000 名消费者中大约有 47% 的人表示，会通过更换零售商的方式来获得更低的价格或折扣。[⊜]看起来，消费者对价格越来越敏感。

　　消费似乎真的在降级，怎么办？降价。

　　在 2023 天猫双 11 全球狂欢季发布会上，阿里巴巴提出了"全年最低价""全网最低价"等概念，把低价作为这一次双 11 的核心 KPI（关键绩效指标）。而京东也明确了以低价为最主要的策略，在双 11 期间，打出一套"低价策略"组合拳——"百亿补贴日"＋"超级秒杀日"＋"京东 9.9 包邮日"等。此前，京东创始人刘强东在内部会议上说："低

　　⊖ 每日经济新闻. 上海五一消费观察：游客人数恢复至疫情前，但有景区门店营收不及 2021 年，原因在哪？[EB/OL].（2023-05-09）[2023-11-04].https://finance.sina.com.cn/jjxw/2023-05-09/doc-imytavcp8533693.shtml.
　　⊜ 麦肯锡. 中国消费洞察：乐观中或更需谨慎 [EB/OL].（2023-07-01）[2023-11-04].https://www.mckinsey.com.cn/wp-content/uploads/2023/08/cn-July_2023-china-brief.pdf.

价是'1',品质和服务是后面的两个'0'。失去了低价优势,其他一切所谓的竞争优势都会归零……低价是我们过去成功最重要的武器,以后也是唯一的基础性武器。"⊖

线下,"十元经济"重获生命力;线上,"九块九包邮"火遍互联网。

所以,消费真的一边在复苏,一边在降级吗?

未必。

上海恒隆广场是上海顶级的奢侈品购物中心,曾经是浦西最高的建筑。根据国家统计局的数据,2023年上半年,中国社会消费品零售总额为227 588亿元,同比增长8.2%。而上海恒隆广场的租户销售额同比增长62%,归属恒隆的租金收入也同比增长了23%。⊜中国内地全部10座恒隆广场的租金收入加在一起,创下有史以来的最高纪录。

同样,南京德基广场也呈现出了欣欣向荣的景象。举一个小小的例子,你就能感受到这一点:2022年,南京德基广场投入了800万元对一个洗手间进行了改造。改造后的洗手间就像一个花园,大量的绿植和插花让人赏心悦目,

⊖ 观察者网. 京东零售明确2023年战略:低价 [EB/OL].(2023-03-07)[2023-11-04].https://www.guancha.cn/economy/2023_03_07_683044.shtml.

⊜ 时代财经. 还是奢侈品好卖,上海恒隆广场半年销售大涨62%,陈启宗:不会抄底收购商场 [EB/OL].(2023-08-01)[2023-11-04].https://new.qq.com/rain/a/20230801A037Q100.

而独特的装饰风格也使其充满艺术气质。如果不是门口挂着的牌子，人们根本看不出这是一个洗手间，还以为是某个艺术馆的休息区域。2022 年 9 月 1 日，这个洗手间正式开放，几乎在一瞬间就成了网红打卡点。很多人惊呼，想去洗手间办婚礼。德基广场是南京最大、最高级的奢侈品购物中心之一，所以必须让消费者充分感受到奢侈，哪怕是在洗手间。

根据联商网对全国 29 个城市（不含港澳台）的 160 家代表性商场（其中，购物中心有 139 家，占比 86.88%；百货有 10 家，占比 6.25%；奥特莱斯有 11 家，占比 6.87%）的抽样统计估算，2022 年全国商场的平均销售收入约为 22 亿元[⊖]。而南京德基广场 2022 年的销售收入高达 210 亿元，不仅创历史新高，更使其成为第二家加入"200 亿俱乐部"的购物中心。

上海恒隆广场和南京德基广场的收入飙升都表明，奢侈品似乎越卖越好。

实际上，奢侈品不光越卖越好，还越卖越贵。2023 年 6 月，法国奢侈品巨头 LVMH（路威酩轩）集团宣布 LV 品

⊖ 联商网. 全国 160 家商场 2022 年销售额出炉：全国"店王"易主？[EB/OL].（2023-03-10）[2023-11-04].https://m.linkshop.com/blog/show.aspx?id=521622.

牌将进行新一轮调价，部分商品的涨幅甚至超过 11%。而在同年 4 月，LV 刚涨过一次价。2020 年以来，LV 已经涨价将近 10 次。但是，涨价并没有对 LV 的销售额产生负面影响。LVMH 集团 2022 年度财报显示，LVMH 集团创下了历史业绩新高，销售收入达到 792 亿欧元，营业利润达到 211 亿欧元，都增长了 23%。

这个情况有点复杂。中国的消费市场，一边是越降价越增长的消费降级，另一边是越涨价越好卖的消费升级。

摆在我们面前的不是一个哑铃，而是一个线团。

让人觉得迷茫的，除了中国的消费市场，还有全球经济。

美国商务部人口普查局的调查显示，2020 年初，因为新冠疫情的影响，美国从全球进口商品的总额出现了断崖式下跌。因为恐慌，美国开始了一轮持续两年的"报复性囤货"。2022 年初，美国一个月能从全球进口大约 3500 亿美元的商品，进口商品总额一度涨到了历史最高点，远超疫情之前的 2019 年。这轮"报复性囤货"成了中国传统外贸和跨境电商的巨大红利。

⊖ 南方人物周刊. 全球经济下行，奢侈品为何越卖越好？[EB/OL].（2023-07-17）[2023-11-04].https://www.nfpeople.com/article/12445.

但是，从 2022 年初开始，美国从全球进口商品的总额开始持续下跌。注意，不是从中国的进口额下跌，而是从全球所有国家的进口总额下跌，其中包括对美国出口一直保持高速增长的越南。

美国是全球最大的消费市场，也是全球最大的商品进口国。中国出口对美国进口的依赖度是 14%，而越南出口对美国进口的依赖度则高达 30%。⊖美国进口下跌，越南出口就跟着下跌。

很多人担心，美国消费回落，意味着全球经济的衰退正在到来。

2021 年 12 月，特斯拉创始人埃隆·马斯克（Elon Musk）在 Twitter 上发声，称直觉认为美国经济衰退大约会发生在 2022 年春季或夏季，最迟不会晚于 2023 年。

2022 年 11 月，马斯克再次发声，称美联储需要立即降息，并强调美联储正在"大幅放大严重衰退的可能性"。

2023 年 4 月，马斯克公开表示"温和的衰退已经来临"。

其实，认为全球经济会衰退的，不止马斯克一个人。

⊖ 21 世纪经济报道. 21 深度 | 越南出口创 14 年最长跌势，供应链脆弱性显现更遭遇被"替代"风险？ [EB/OL].（2023-08-07）[2023-11-05].https://www.21jingji.com/article/20230807/herald/6951f138e7e4f7eaad765dde73b81558.html.

2022 年 9 月，世界银行在一份名为《全球经济衰退迫在眉睫吗？》（Is a Global Recession Imminent?）的报告中说："2023 年，世界可能会走向全球性经济衰退，新兴市场和发展中经济体可能发生一系列足以造成持久性伤害的金融危机。"

2022 年 10 月，国际货币基金组织在《世界经济展望：应对生活成本危机》报告中说："超过三分之一的全球经济体将在 2022 年或 2023 年出现萎缩，而美国、欧盟和中国这三个最大的经济体将继续处于增长停滞状态。"

2023 年 7 月，华尔街资深预言家彼得·希夫（Peter Schiff）警告称，这次衰退将比 2008 年金融海啸更加严重。他在 Twitter 上说："任何认为这次衰退将是温和的人，都不理解衰退。"

2023 年，全球经济笼罩在乌云之下，山雨欲来风满楼。

但是，与此同时，从 2022 年 11 月至 2023 年 10 月，美国标普 500 指数几乎一路上涨。标普 500 指数被广泛认为是衡量美国大盘市场的最佳指标，它涵盖了美国 500 家顶尖上市公司，其成分股总市值占美国股市总市值约 80%，在很大程度上反映了美国经济的走势。

不仅是标普 500 指数上涨，从 2023 年初至 2023 年 10 月 27 日，最能代表日本股市的日经平均股价指数（也称

"日经 225 指数"）也大涨了 19%。这背后可能有日元贬值的原因，但依然是涨疯了。我们一直说日本失去了 30 年，但现在他们似乎找到了回来的路。

美国股市大涨，日本股市大涨……说好的全球经济衰退呢？

2023 年 7 月，华尔街资深投资策略师大卫·罗奇（David Roche）表示，全球经济可能会避免陷入衰退。他说，这次的表现不同。[⊖]

这个情况有点复杂。一边是一些人铁口直断"衰退不可避免"，另一边是一些人坚决认为"这次不同"，全球经济到底是在衰退，还是在复苏？

摆在我们面前的仍然不是一个哑铃，而是一个线团。

科技行业也是如此。

2023 年 1 月，微软宣布裁员 10 000 人，为即将到来的衰退做准备。同一天，亚马逊也宣布裁员 18 000 人。稍早前，Meta 宣布裁员 11 000 人，Salesforce 裁员 8000 人。美国猎头公司 Challenger，Gray & Christmas 于 2023 年 6 月公布了美国科技产业的裁员报告，报告显示在 2023 年前 5

⊖　环球市场播报. 华尔街资深策略师：全球经济衰退可以避免，美联储不宜过早降息 [EB/OL].（2023-07-14）[2023-11-05].https://finance.sina.com.cn/world/2023-07-14/doc-imzarkcv8516918.shtml.

个月行业总计裁撤了 136 831 人。⊖这种规模的"史诗级裁员"从 2000 年互联网泡沫破灭以来，还从没有发生过。

整个美国科技行业似乎对未来都非常悲观。

但与此同时，一家成立仅 2 年、只有 11 个员工的公司 Midjourney 却因为推出了人工智能作画获得了飞速增长。尽管这家公司连独立的 APP 都没有，只是"寄生"在别人的社交平台上，但它仍然创造了高达 1 亿美元的年营收。而另一家叫 OpenAI 的人工智能初创企业，因为推出了人工智能聊天机器人 ChatGPT，火遍互联网，引爆全球。

跨国金融服务公司 UBS 发布的一篇研究报告显示，实现 1 亿用户数量，固定电话用了 75 年，手机用了 16 年，Instagram 用了两年半（30 个月），TikTok 用了 9 个月，而 ChatGPT 只用了 2 个月。⊜疯狂的客户增长速度，刷新了消费级应用程序用户增长速度纪录。

2023 年，人工智能破门而入。微软、谷歌、Meta、亚马逊等全球顶尖互联网公司都在人工智能领域布局并投入巨资，希望以此获得领先地位。比如，微软就在 5 年的时

⊖ IT 之家. 消息称美国科技产业今年前五个月裁员超 13 万人，创下 2001 年以来新纪录 [EB/OL]. （2023-06-06）[2023-11-05].https://www.ithome.com/0/697/999.htm.

⊜ 每日经济新闻. 人工智能现阶段可用"指数级"形容，堪比工业革命 [EB/OL]. （2023-02-06）[2023-11-05].https://baijiahao.baidu.com/s?id=1757090783768956481.

间里向 OpenAI 豪掷 130 亿美元。[⊖]提供人工智能基础设施——"算力"的英伟达（NVIDIA），收入和利润也因此大涨，市值更是在一夜之间超过 1 万亿美元，成为全球第七家市值过万亿美元的公司。

从这个角度来看，整个美国科技行业似乎又对未来满怀希望。

这个情况有点复杂。一边是史诗级的裁员，另一边是历史性的投资。

外贸出海也是同样的情况。一边是很多创业者对我说，外贸从来没有像 2023 年这么难做，客户数量大幅减少，订单金额大幅缩小；另一边是 TikTok 正式在美国推出电商服务，Temu 已经在 27 个（截至 2023 年上半年）国家上线，SHEIN 上半年利润创历史新高。

国内创业也不例外。一边是互联网上越来越多的声音说"算了算了，躺平算了"，另一边是线下大多数人仍在咬紧牙关，坚持奋斗。

中国的消费市场、全球经济、科技行业、外贸出海、国内创业……哪个是最难举起的哑铃，哪个是最难理清的

⊖ IT 之家. 花费 130 亿美元投资 OpenAI 能给微软带来什么：潜力很大，不确定性也很多 [EB/OL].（2023-02-08）[2023-11-05].https://www.ithome.com/0/685/380.htm.

线团？2023 年，确实很难。这种种因素汇集起来，就成了一团复杂到看不透的迷雾，让人迷茫、让人焦虑、让人止步不前。

站在这漫无边际的大雾中，你是什么感觉？

我请 ChatGPT 写一首诗来描述这种感觉，它是这么写的：

"我知道要前进，但我不知道前进的方向。

大雾就像是夜的帷幕，更像是无法穿透的墙。

每个声音都像是回响，不知是警示还是召唤。

我一定要找到那束指引的光，只为心中那不灭的希望。"

写得真好。

2023 年的商业世界可能是这么多年以来最难看懂的一年，扑朔迷离，甚至自相矛盾，就像是 5.4 亿年前的寒武纪大爆发。

所有结果的复杂，都是因为原因的多样

大约 46 亿年前，地球诞生。大约 35 亿年前，生命诞生。然后，地球上的生命就开始了长达 30 亿年的持续而缓慢的进化。直到 5.4 亿年前的寒武纪，大量新物种像火山爆发一样突然出现在地球上。

比如软体动物。软体动物身体柔软，没有骨骼，大多数都不分节，通常有触角。软体动物是动物界较早出现的动物类群之一，是今天的蜗牛、章鱼、乌贼等动物的祖先。

比如节肢动物。寒武纪的节肢动物首次进化出了硬化的外骨骼，并分成若干节。它们是今天无数节肢动物的祖先，比如蚂蚁、蜜蜂、蜘蛛、蜈蚣等。如今时常摆在我们餐桌上的潜江小龙虾、阳澄湖大闸蟹等都是从寒武纪节肢动物进化而来的。

比如棘皮动物。棘皮动物的骨骼很发达，外包表皮，皮上一般带棘。它们有一套特殊的水管系统，用于呼吸、运动和进食。棘皮动物具有强大的再生能力，即使被切碎，也能再生成一群完整的个体。寒武纪的棘皮动物是今天海星、海参、海胆的遥远祖先。

再比如脊椎动物。最早的脊椎动物是一种看上去像鱼的动物，名叫皮卡虫，它身体柔软，但有一条坚实的脊索贯穿全身。皮卡虫虽然小，只有约 5 厘米长，但很可能是今天所有脊椎动物的祖先。

这些新物种种类繁多，差异极大，身体结构有着根本的不同。大部分现代动物的祖先，都在这时候出现了。因为这个现象发生在寒武纪，所以被称为"寒武纪大爆发"（Cambrian Explosion）。

越是巨大的变化，越是蕴藏着巨大的机会

所有结果的复杂，
都是因为原因的多样

寒武纪大爆发是一场连达尔文都看不懂的生物现象。1859年，他在自己论述生命演化的著作《物种起源》中这样写道："这件事情到现在为止都还没办法解释。所以，或许有些人刚好就可以用这个案例来驳斥我提出的演化观点。"果然，在这之后的上百年里，"寒武纪大爆发"一直是进化论的软肋。正如达尔文所料，无数人用这个现象来批评进化论。

"寒武纪大爆发"用进化论确实很难解释。

我们知道，整个进化论的理论大厦有一个最基本的根基：物竞天择，适者生存。一开始长颈鹿的脖子并不长，我们可以叫它们"短颈鹿"。它们其实并不知道如何获得竞争优势，只会拼命地生、拼命地生。生的数量足够多，就会发生各种意料之外的随机变异，比如，有的短颈鹿脖子变长了，有的短颈鹿腿变粗了。这就是"物竞"。那么，哪一种短颈鹿能活下去呢？不知道。没关系，交给"天"来选。正好，低处的树叶都被吃完了，只有高处还有。于是，那些脖子长的短颈鹿就活下来了。这就是"天择"。物竞天择，适者生存，于是，就有了长颈鹿。

在物种进化的漫长过程中，"物"一直没有停止过"竞"，"天"也一直没有停止过"择"，这是一个持续的过程，从不停止，整个进化的过程应该总体是均匀的。但是，先缓慢进化 30 亿年,然后突然大爆发,这是为什么呢?

很多科学家加入了研究这个谜团的队伍中。随着研究的深入,他们逐渐发现了寒武纪大爆发背后的秘密。那就是,5 亿多年前,地球同时发生了好几个重大的变化。这些重大变化彼此交织、相互作用,最终带来了"物种大爆发"这个看似突然出现的偶然结果。

第一个重大变化是"雪球地球"。

大约在 7 亿到 6 亿年前,地球经历了一次极端冰冻现象,地球表面从两极到赤道全部被冰雪覆盖,整个地球变成了一个巨大的雪球。在这段漫长的"雪球地球"时期,大量物种灭绝。终于有一天,冰雪开始融化,地球开始变暖,生命也开始复苏。这时,地球上已经空出了大量生态位,这就给新物种的出现提供了广阔的空间。

第二个重大变化是氧气大幅度增加。

寒武纪之前,地球上空气中的氧气含量是微乎其微的,只有一些"简单生物"或者厌氧生物能够存活。寒武纪前夜,地球大气层的氧气含量突然迅猛增加,甚至接近今天的水平。氧气浓度越高,能支持的新陈代谢率就越高。那些需要更多氧气的"复杂生物"终于可以自由呼吸了。

第三个重大变化是 HOX 基因的出现。

HOX 基因是生物体中专门对生物形体进行调控的基

因，决定了身体器官的分布和排列。一旦这些基因发生突变，身体的一部分就会变形。从这个角度来说，HOX 基因就是生命的系统工程师。有了 HOX 基因，生物终于不再长成"一坨"。自 HOX 基因在寒武纪时期首次出现后，新物种在形态上大爆发，并开始朝着不同的方向进化，逐渐形成今天的"界门纲目科属种"的生物分类体系。

第四个重大变化是捕食者的问世。

在寒武纪之前，生物大多以光合作用为生。然而，到了寒武纪，一部分生物演化成了早期的捕食者，这就给被捕食者带来了巨大的生存压力。在生存压力之下，动物不得不迅速适应各种环境。为了避免被捕食，它们进化出了更坚固的外壳、更有力的腿和嘴、更快的移动能力，甚至还进化出了眼睛这样的高级器官，以更好地感知环境。这当然就带来了越来越复杂的生物结构和越来越多的生物种类。这种"军备竞赛"大大加快了物种的进化速度。

"雪球地球"使自然界空出了生态位，氧气大幅增加让生命可以自由呼吸，HOX 基因的出现让生物多样性变为可能，而捕食者的问世又加快了物种进化的速度。这四个重大变化交织在一起，共同促成了寒武纪大爆发这个结果。

所有结果的复杂，都是因为原因的多样。事情之所以看似一团乱麻，往往是因为有着不止一条线索。

六条关键线索，让我们更早看见未来

现在，我们从寒武纪回到当下，回到 2023 年。

为什么 2023 年看起来是一团迷雾？

因为导致结果的不止一个原因，牵动未来的也不止一条线索。它们彼此交织，相互作用，就成了一团挡在前行道路上的迷雾，让人迷茫、让人焦虑、让人止步不前。

那怎么办？

抽丝剥茧地分析藏在这团迷雾背后的线索，然后顺着这些线索，走向未来。

那么，到底有哪些线索能帮我们看清 2023 年的迷雾呢？压力之下，我们的机会到底在哪里？未来，世界又会变成什么样？我们该往何处去？有没有一些确定性的东西，能作为我们决策的依据？

这些问题都很重要，我也一直在思考。为了寻找答案，我用一年的时间大量地去看、去寻找、去研究变化，探寻变化背后的本质。

2022 年的年度演讲，是 10 月 29 日举办的。随后第二天，我就开始出差。这一整年，我有 180 多天在路上。在这 180 多天里，我去了很多地方，体会市场的温度；见了很多人，学习他们的思路。他们每个人都在用自己的方法走出迷雾。透过他们的眼睛，我似乎逐渐看到了藏在这迷雾背后的六条关键线索。

它们是增长收敛、人口老化、情绪生长、智能涌现、服务崛起和出海加速。

梳理出这六条关键线索之后，我突然不焦虑了。因为我知道，其实，所有的机会都藏在这些线索里，藏在这些线索带来的变化里。只有在发生变化之后，才会重新洗牌，带来新的"物竞"和"天择"。越是巨大的变化，越是蕴藏着巨大的机会。如果能理解变化，看透变化，就能先人一步，更早抓住机会。所谓长期主义者，就是踏平波动，穿越周期，拥抱趋势。

接下来，我将一条条地与你分享这些关键线索。

第 2 章

增长收敛

中速区间，时代奖励"竞争力"

很多人对我说："润总，现在增长越来越难了。"是的。在某些领域，增长确实变得越来越难了。

现在做企业，想要增长，需要构建很复杂的商业模式。而以前做企业，想要增长，是不用做数学题的，只需要全力向前奔跑就行。

今天的商业世界确实发生了变化，我们进入了一个新的增长阶段。

我们先来看一看改革开放以来中国 GDP 的增长情况。

从图 2-1 中我们可以看到，从 1978 年到 2018 年，GDP 一直保持着快速增长，GDP 平均增速甚至高达 9.5%。很多人可能不理解这个数字意味着什么，我们可以将其与其他国家横向比较一下：同一时期，美国的 GDP 平均增速是 2.7%，日本的 GDP 平均增速是 2.1%，德国的 GDP 平均增速是 1.8%。

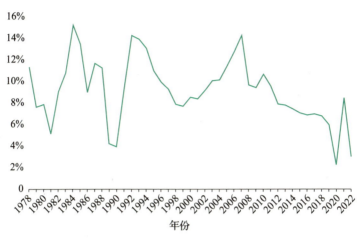

图 2-1　1978 ~ 2022 年中国的 GDP 增速

资料来源：国家统计局、世界银行。

巨大的增速差，让中国经济在过去 40 多年里疯狂追赶。2000 年，中国 GDP 超过意大利，成为世界第六大经济体；2005 年，超过英国和法国，成为世界第四大经济体；2008 年，超过德国，成为世界第三大经济体。[○] 2010 年，超过日本，成为世界第二大经济体。

这一路狂奔，简直是一个奇迹。

但是，从 2008 年起，虽然中国的 GDP 增速依然保持在高位，但开始放缓。2007 年，中国的 GDP 增速是

○　中国政府网. 新中国 60 年：国际地位提高 国际影响力显著增强 [EB/OL].（2009-09-29）[2023-11-06].https://www.gov.cn/gzdt/2009-09/29/content_1429596.htm.

14.23%，2008 年，这一数字突然降到了 9.65%，此后在很
长一段时间里一直保持在这一水平上下，甚至逐渐下降，
如图 2-2 所示。2020 年，因为新冠疫情的影响，中国的
GDP 增速甚至降到了 2.24%。

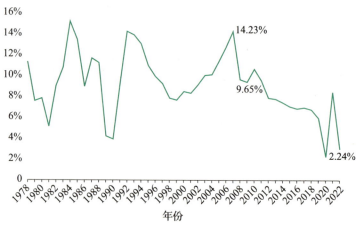

图 2-2　中国的 GDP 增速自 2008 年后放缓

资料来源：国家统计局、世界银行。

　　为什么中国的 GDP 增速不再一路狂奔了？是因为我们
不努力了吗？不是。经济学上有一个概念专门用来解释这
种现象，那就是增长收敛。

　　什么叫增长收敛？

　　举个例子。如图 2-3 所示，当你饥肠辘辘的时候，如果
有人递给你一个馒头，你会觉得这个馒头是天底下最好吃的

东西，甚至可能会因为这个馒头而感动到哭。这时，我们假设这个馒头带来的收益是 100。接下来，有人又递给你第二个馒头，这个馒头还是那么好吃，但你不吃它，也不会饿死。这时，这个馒头带来的收益是 50。有人又给你递了第三个馒头，这个馒头你吃也行，不吃也行，它带来的收益就变成了 20。第四个馒头呢？你赶紧摆摆手，因为你真的吃不下了。这时，这个馒头带来的收益就接近 0 了。馒头带来的收益从 100 到 50，到 20，再到接近 0，这就是收敛。

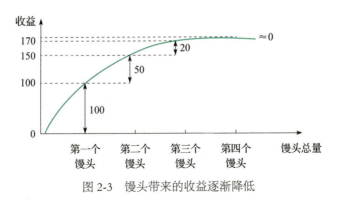

图 2-3　馒头带来的收益逐渐降低

资本也是一样的。假设市场上非常缺馒头，你投资了 100 元购买生产馒头的设备，很快你生产的所有馒头都卖完了，你赚到了 100 元。于是，你决定追加 100 元投资，再买一套设备。但这时，市场上的馒头已经没那么稀缺了，你只赚到了 50 元。你继续追加投资，而馒头市场已经趋于饱和，你只赚到了 20 元。这时候你再追加投资，就几乎赚不到钱了。

体量越大，边际收益就越小，增长也因此变得越来越慢。这种趋势就是"增长收敛"。

最早用经济学模型来解释这种收敛现象的，是著名的经济学家罗伯特·默顿·索洛（Robert Merton Solow）。索洛说，因为低收入国家的资本收益率更高，所以通常会经历更快的资本积累和经济增长。但是，随着国家收入体量的增加，资本收益率会逐渐降低，经济增长也因此会逐渐收敛。

在第二次世界大战后，西德（联邦德国）、法国和日本的经济先是经历了高速增长，然后逐渐收敛。20 世纪六七十年代，新加坡、中国香港地区、韩国和中国台湾地区"亚洲四小龙"也是先保持着高速的经济增长，然后逐渐收敛。

今天的中国，也是如此。

1978 年，中国的 GDP 仅为 3678.7 亿元。然而，在改革开放的 40 多年里，我们不断引进资本，发展科技，实现了经济的高速增长。到 2022 年，中国的 GDP 已经超过 121 万亿元，与改革开放之初相比，GDP 足足增长了 300 多倍。这奇迹般的速度令全世界瞩目，也使中国跃升为世界第二大经济体。

但是，随着 GDP 体量的增加，引进资本和追赶科技的边际收益越来越小，我们的增长也在逐渐收敛。中国的 GDP 增速正在从"高速区间"逐渐进入"中速区间"。

理解这个"中速区间"非常重要。因为增长速度不同，竞争强度就不同；竞争强度不同，企业战略就不同。

当经济增长处在"高速区间"时，人们会感觉天上似乎每天都会掉很多金子，捡都捡不过来。这时，如果有人捡走了你手边的金子，你会打他吗？你可能会说："没空，别耽误我捡钱。"这时，你的策略是到处找机会。

当经济增长进入了"中速区间"呢？金子少了，人们很难捡到了。这时，如果有人捡走你手边的金子呢？你可能就会和他"讲讲道理"了。但在此之前，你要确保自己比对方"强壮"。这时，你的策略是提高自己的竞争力。

在高速区间，创业者喜欢聊的话题是：你们那个行业是不是更好做？他们这个产品是不是更赚钱？大家忙着满世界找机会。在中速区间，创业者聊的话题可能就会变成：我的成本怎么才能比竞争对手更低？我的产品怎么才能建立壁垒？大家更关心自己的竞争力。

高速区间，时代奖励"机会"；中速区间，时代奖励"竞争力"。

有策略地行动，无止境地进化——

- 市场驱动阶段：盯紧市场，野蛮生长
- 领导力驱动阶段：抓好团队，苦练基本功
- 创新驱动阶段：敬畏和投资『没用』的探索和研究

高速区间，时代奖励『机会』；

中速区间，时代奖励『竞争力』

帮普通人省钱，有时恰恰最赚钱

如何才能在中速区间建立自己独特的竞争力呢？

早在 40 多年前，竞争战略之父迈克尔·波特（Michael Porter）就为身处中速区间甚至竞争更为激烈的低速区间的创业者总结过三条最基本的竞争战略：总成本领先、差异化和聚焦。

我们先来说说第一个战略——总成本领先。

我来举一个例子，这个例子来自德国。德国比我们更早完成增长收敛，进入竞争激烈的中速区间，所以，这个例子值得我们借鉴。

德国有一对兄弟，哥哥叫卡尔·阿尔布雷希特（Karl Albrecht），弟弟叫西奥·阿尔布雷希特（Theo Albrecht），他们是德国超市奥乐齐的创始人。这两兄弟非常低调，我们在互联网上能找到的关于他们的照片很少，但是，他们最为人称道的还不是低调，而是"抠门"。

哥哥抠门到要求员工每天晚上把黄油搬到地下室，因为冰箱太贵。弟弟在这方面也不输哥哥，他抠门到发现员工订购了 4 支圆珠笔就大发雷霆，让员工同时用 4 支笔写给他看。为什么这么抠门呢？因为他们相信一件事：零售业的竞争力来自低价，而低价一定是因为低成本。

可是，只靠搬黄油、省圆珠笔是节省不了多少成本的。怎么才能使总成本降下来呢？

兄弟俩想：我们卖 100 个品牌的牙膏，每个品牌卖 1000 支，这些牙膏品牌可能根本不会把我们放在眼里。但如果我们只卖 1 个品牌的牙膏，却把它卖到 10 万支呢？牙膏品牌估计什么都愿意答应我们。于是，兄弟俩做出了一个决定：减少商品种类。

那么，商品种类究竟该减少到多少呢？

美国零售业平均 SKU（Stock Keeping Unit，最小存货单位）有 14 000 个，沃尔玛的 SKU 超过 20 000 个，[○]而奥乐齐的 SKU 只有 1000 ～ 2000 个。因为这种超级集中度，奥乐齐单款 SKU 的年采购量超过了 6000 万欧元。如果有人对你说"这款产品我要了，一年采购 6000 万欧元"，你会不会给他难以想象的低价？大概率会。

但如果即使是这样，品牌商也不给低价呢？那就自己生产。为了极致的"总成本领先"，奥乐齐不断增加自有品牌。今天，奥乐齐自有品牌的占比已经达到 70% ～ 90%。顾客到奥乐齐买 10 件商品，可能有 7 ～ 9 件都是奥乐齐自己生产的产品。

○ 中泰证券. COSTCO 重塑"人货场"打造美国传统零售业界典范 [EB/OL].（2019-04-14）[2023-11-06].https://www.hangyan.co/reports/2530133188953506923.

一切为了"总成本领先"。奥乐齐因此被称为"穷人的超市"。

真的需要那么便宜吗？这样的"总成本领先"是不是有点太极端了？

这个世界需要有人把东西做贵，也需要有人把东西做便宜。

著名的经济学家约瑟夫·熊彼特（Joseph Schumpeter）曾经说过，商业的本质不是给女王提供更多的丝袜，而是使纺织女工买得起丝袜。因为只有这样，才能让每个普通人都能从经济增长中获益。

奥乐齐咬死"总成本领先"，咬死"优质低价"，在德国市场上与沃尔玛展开了激烈的竞争。2006 年，沃尔玛宣布退出德国市场。有意思的是，这对德国兄弟却因为把东西卖得更便宜而成了德国首富。

帮普通人省钱，有时恰恰最赚钱。

今天，有些企业通过降低品质的方式把东西卖便宜，有些企业通过牺牲利润的方式把东西卖便宜，这些都不能给企业带来竞争力，相反，是在损害企业的竞争力。

只有既不降低品质也不牺牲利润，还能把东西卖便宜，才能使企业获得真正的竞争力。而要实现这一点，唯一的办法就是总成本领先。

差异化就是有壁垒的稀缺价值

总成本领先是不是获得竞争力的唯一办法呢？

当然不是。你还可以试试差异化。

美国的汽车租赁行业和中国很不一样。在美国，你飞到一个城市，可以去机场旁边的租车点开走一辆车，办完事后再把车开回机场还了，整个流程非常方便。

赫兹（Hertz）是美国汽车租赁行业排名第一的公司，排在第二名的是安飞士（AVIS）。为了打造独特的竞争力，安飞士投放了一条广告："因为我是第二名，所以不敢让你等。因为我是第二名，所以不敢对你凶。"这条广告一经推出，就大受欢迎，因为它简直说到了消费者的心坎上：是啊，行业第一跟我有什么关系？不排队、态度好才更重要！

"我不是第一名，但我因此更努力"，这就是差异化。

中国最大的火锅品牌是哪一家？很多人可能会异口同声地说出答案：海底捞。那么，其他火锅品牌要如何打造独特的竞争力？

有一次，我去一家叫巴奴的火锅店吃饭。由于正值饭点，门口排起了长队，于是我到服务员那里领了一个号，号码牌引起了我的注意，上面印着一句话：服务不过度，样样都讲究。当时，我特别想拉着服务员问："你说谁服务过度了？"

"你的服务好，但我的东西讲究"，这就是差异化。

什么是差异化？用一句话来说，差异化就是有壁垒的稀缺价值。

这短短的一句话里有三个非常重要的关键词。

第一个关键词是"稀缺"。如果你打算生产一款面膜，那么你需要考虑这款面膜的主要功能是补水、美白还是修复。不同的面膜有不同的价值，但是，它们都很难算得上差异化。因为每一种价值，市场上都有无数的提供者。如果你的面膜只能提供这些价值，那么一定会被淹没在激烈的市场竞争中，因为它并不稀缺。

稀缺是什么？是与众不同——与巨头不同，与主流不同。与巨头不同，就是细分；与主流不同，就是小众。因为细分，因为小众，用户有需求的时候往往找不到更多选择，这时你就脱颖而出了，你的竞争优势也就体现出来了。

只有稀缺的资源和能力才值钱。当然，一时稀缺一时赚，容易；一直稀缺一直赚，难。所以，你要把你有限的精力都集中在培养更多稀缺的资源和能力上。

第二个关键词是"价值"。对一个产品来说，稀缺很重要，但并不是所有与众不同的、细分的、小众的产品都有竞争优势。这个"不同"必须有独特价值，或者有更高价值。矿泉水瓶子通常是圆的或者方的，如果你经营一个矿泉水品牌，把瓶子设计成六边形的，是不是差异化？不是。圆的瓶子可以装更多水，方的瓶子可以节省运输空间，都有其价值。六边形的瓶子看起来标新立异，但对消费者来说没有明显的价值。

什么是价值？"价值"在这里指的是在特定的行业里要赢得竞争所必须具备的资源或能力，这些资源或能力有助于企业应对来自外部的威胁或抓住机会。比如，一家咖啡公司列出的"有价值的"资源清单，可能包括研发能力、品牌口碑、客户体验、创新文化、科学选址甚至免费Wi-Fi 等。

注意，要符合"有价值"，这些资源或能力必须具备两个特征。一个特征是能帮你应对威胁或抓住机会，为你带来竞争优势。比如，能帮你降本增效、提升产品和服务的质量、建立你的护城河，等等。另一个很容易被忽略却很必要的特征是被顾客需要并重视。很多创业者曾在这个点上做出误判：在筛选"最值得重仓的资源或发挥的能力"时，只从自己的角度出发，忘了从顾客的角度思考。然而，资源或能力的价值高低，很多时候并不取决于你，而是取决于你的顾客。相比那些你觉得花了很多钱投资的资源或能力，那些让顾客愿意花很多钱购买的资源或能力才是真正有价值的。

第三个关键词是"壁垒"。没有价值的与众不同不是差异化，那么，是不是有稀缺价值的产品就是差异化了？不是，这样的产品也不一定能获得持久的竞争优势。因为你的产品一旦脱颖而出，竞争就来了。第二年、第二个月甚至第二天，市场上就会涌现出很多相似的产品，你刚刚建立的差异化就不复存在了。

比如，你的奶茶店率先推出了一款叫杨枝甘露的饮品，在市场上一炮而红。然而，尽管你是这款产品的首创者，仍然没有创造差异化。今天的奶茶行业充满各种各样的新口味，如带奶盖的、零糖零脂的、水果现切的，等等。这些口味带动了大量的饮品成为爆款，使奶茶品牌突然走红。但是，一旦某个品牌的某款饮品火了，第二天你立马就能在大街小巷的奶茶店里看到类似的复制品。为什么会这样？因为大多数口味是没有壁垒的。

餐饮业也是如此。在今天这个时代，复制一款菜品的口味，通常来说不是一件太难的事。所以，你会发现，那么多拼命努力、每天起早贪黑在口味上不断下功夫的"卷王"也不过是勉强混口饭吃。

如果只是因为运气或者战略，先找到了一个需求，但是没有建立壁垒，那么这只是"短暂的供需失衡"。短暂的供需失衡不会带来差异化，只会带来"瞬时差异化"。瞬时差异化不是差异化，至少不是可以作为战略的差异化，因为它不持久。由瞬时差异化带来的优势很快会被竞争拉平。到最后，你会发现，比的还是品牌、管理、精细服务、用户信任度以及规模效应所带来的成本优势等，这些就是壁垒。

我举一个小马宋老师分享的例子。古茗奶茶的老板出生在浙江省台州市温岭市，他看到奶茶很火，就说这么多人能把奶茶做好，他也可以。刚创立的那几年，古茗一直在县级城市和乡镇开店。他发现，在这些地方，晚上的街道是很暗的，所以，把店铺设计得更加明亮，会更容易被顾客发现，也显得店里更干净、温馨。

后来，古茗到一些更大的城市开店，这时一条街上可能有很多家奶茶店，如何让人第一眼就能看到自己呢？古茗的老板还是用了老办法，把门头设计得很亮，其他店都是外打灯，古茗是内打灯，因为内打灯比外打灯更亮，招牌也用的是发光材质。他希望古茗能为回家途中的夜归人亮起一盏温暖的灯，陪伴他们走过那一段黑暗的路。

古茗的店大多数开在南方，夏天特别热，为了让顾客排队的时候能更舒服一点，古茗把街边店的收银台向内退了 60 厘米，既可以供顾客躲雨，也可以遮挡阳光，还能让顾客吹到空调。

这些精细的服务就是古茗的壁垒。

能够创造有壁垒的稀缺价值，才有可能赚到钱。

我再给你讲几个故事。

张蕾是朝日唯品的品牌主理人。朝日唯品是一个主打低温奶的农业品牌，最初隶属于日本的朝日集团，2017 年被新希望集团旗下的上市公司新乳业全资收购后独立运营。乳业的竞争从来都是非常激烈的，尤其是在低温奶这个细分市场，而朝日唯品只用了很短的时间就从中脱颖而出。张蕾告诉我，这是因为品牌的差异化战略。

朝日唯品真正做到了差异化的三个关键点。

首先，为消费者提供了独特价值。消费者通常都十分关注价格，但越来越多注重健康的人开始把视线投到安全和健康上，他们关注的不只是好吃，更是吃得安心，这是"更贵的问题"。于是，朝日唯品决定"把安心和有机作为核心价值"。

其次，塑造产品的稀缺性。牛奶的品质，取决于牛；牛的品质，取决于草；草的品质，取决于土。于是，朝日唯品决定从"土"这个源头上下功夫。朝日唯品在获得土地后没有急于耕种，而是先将土地空置 5 年，只为培育出一片安心的土地。在他们看来，好的土壤才能孕育万物。在种植作物时，朝日唯品坚持不打农药，而是由工人们在田地间手工除草除虫，让作物回归最原本的生长方式。朝日唯品的奶牛吃的都是自营农场的有机作物，以确保获取最优质的奶源。这样较真的企业，真的是非常稀少。

最后，为产品打造壁垒。培育好的土壤，需要坚持 20 年的循环农作。朝日唯品用漫长的时间打造出了适合中国土地的"循环型农业模式"。在他们看来，只有敬畏自然的循环，才能种植出最安全的蔬果，产出最美味的牛奶。竞争，其实早在 20 年前就开始了。时间，就是壁垒。

2023 年上半年，液态奶呈现整体下滑的态势，伊利甚至首次出现液态奶业务负增长。[○]但朝日唯品却逆势增长，凯度消费者指数数据显示，截至 2023 年 3 月，朝日唯品鲜奶面向家庭的销售额近一年的增长率达到 288%。新希望乳业 2022 年的财报也显示，朝日唯品旗下的有机系列取得同比超过 200% 的增长，其主打产品牧场酪乳在推出当年销售收入就超过 5000 万元。[○]

○ 界面新闻. 上半年原奶价格低位运行，大型牧企为何仍持续逆势扩张？[EB/OL]. （2023-09-23）[2023-11-10].https://www.jiemian.com/article/10140067.html.

○ 财经涂鸦. 新希望乳业发布新五年战略规划，「朝日唯品」2023 年预计可达 10 亿规模 [EB/OL]. （2023-06-01）[2023-11-10].https://finance.sina.com.cn/wm/2023-06-01/doc-imyvtwaq9659301.shtml.

朝日唯品创造的就是差异化，就是有壁垒的稀缺价值。

除了乳业，差异化在很多行业都适用，比如科技业。

孙瑜是柔灵科技创始人，他研究的产品就是高科技产品。有一次，孙瑜问我："你知道，世界上最好的长寿药是什么吗？"我不解，他说，是睡个好觉。

他解释道，睡觉是人类最重要的自我修复方式，快速眼动睡眠就像给大脑"洗澡"，深睡眠则能给身体"充电"，睡觉大于一切。但是，很多人却睡不好觉，要么很难入睡，要么睡不深，要么容易醒，还有人甚至彻夜失眠。对很多人来说，睡个好觉非常有价值。可是科技却一直没能解决睡觉的问题，因为这和脑电波相关，而脑电波非常微弱。一节干电池有 1.5 伏的电压，而脑电波的电压只有几十到几百微伏，很难被监测。所以，这种能力非常稀缺。2022 年，柔灵科技有了突破。他们做出了一种很薄的贴片，能贴在人的额头上进行脑电波监测。该贴片的内部用了很多纳米级的金属粒子，大大增加了接收信号的面积，再加上他们的算法，现在识别脑电波的准确度可以达到 83% ～ 93%。而一般的智能手环只能达到 55% 左右。这就创造了一种壁垒。

那这有什么用呢？当深睡眠要来临时，大脑会发出一种特殊的脑电波，该贴片能监测到这种电波，并会通知智能枕头。智能枕头就会发出特殊的波,它能增强脑电波,从而把人们推入深睡眠。

孙瑜说,他们正在和一些酒店合作。已有数据显示,客人的入睡时间减少了 20.39%,但深睡沉浸度提升了 23.6%。

科技业真是差异化的肥沃土壤。

记住,能够创造有壁垒的稀缺价值,才能实现你的可持续核心竞争优势,做到差异化,从而赢得竞争。

别人说"我能做什么",你说"我能不做什么"

如果你既做不到总成本领先,也做不到差异化呢?那你可以采取第三种竞争战略——聚焦。

聚焦,就是聚焦特定人群、特定领域、特殊的区隔市场,打造你的优势,让别人打不进来。

永远不要想着面面俱到,越是什么都想做,越是什么都做不好。我们一定要学会做减法,把自己做成一根钉子。面越窄,越容易穿透;事情越少,越容易成功。有的人一辈子只为做好一坛酸汤、一条鱼,有的人一辈子只想做好一罐茶叶、一饼茶,却都做到了上亿元的产值。这就是聚焦的力量。

聚焦,看似是和竞争对手错位竞争,本质上却是满足特定人群的刚需。

如果你做蓝牙耳机，但又打不过苹果公司，怎么办？试着聚焦一个特定人群，比如外卖小哥。

外卖小哥需要什么样的蓝牙耳机？电量要非常足，最好能用一整天。而且麦克风要特别好，因为外卖小哥大部分时间都在路上，环境嘈杂，麦克风不好的话，对方根本听不清。如果能将耳机固定在头盔上，那就更好了，不怕掉。将耳机固定在头盔上，这是绝大部分人不可能有的需求，但对外卖小哥来说却非常重要。如果有人做出了一款能固定在头盔上的耳机，它一定会大受外卖小哥的欢迎。

如果你做手机，但低成本比不了小米，差异化打不过华为，怎么办？试着聚焦一个特定人群，比如学生。

学生需要什么样的手机？关于这个问题，我们可以换一种问法：学生的父母，也就是出钱购买手机的人希望学生用什么样的手机？当然是能保护眼睛、能屏蔽不良网站的手机，更重要的是，能让学生把注意力集中到学习上、不能打游戏的手机。这样的手机，在父母那里可能无敌。

聚焦就是做特定市场或特定人群需要、其他人觉得没用甚至浪费的东西。做到聚焦，一样能在市场中闯出一片天地。当别人都在说"我能做什么"的时候，你在说"我能不做什么"，你就能赢得别人的关注。

看懂驱动，再求增长

总成本领先、差异化和聚焦，就是中速区间的答题思路。但只有这三点还不够，我们还要认识一个词：驱动。

在中速区间，尤其是在增速放缓的时候，更需要驱动。这能让我们找到促进企业可持续发展的动力，从而再次走上发展的"快车道"。

什么是驱动？很多人会说，这还不简单，不就是能带着我们往前走，不断发展、持续增长的动力吗？这样理解没有错，但还不够。要真正理解驱动，得说回这个词的来源。

"驱动"这个词来自"drive"，也就是"驾驶"。被某某驱动，就是被某某"驾驶"着往前。你开一家公司，就好比你开一辆车。你的车是被发动机驱动往前的，发动机是能真正决定你的汽车能不能动起来的东西。它先动，其他后动；它不动，其他也不动。

当你在思考你的企业应该怎么办、聚焦什么才能继续增长时，我建议你，一定要先真正理解"驱动"这个概念，并从繁杂的业务中找出那个真正的内在驱动力。

有人会说："我怎么觉得每个部门、每个问题都很重要？到底哪个才是真正驱动我的企业的要素呢？"这些问题让很多人困惑，但其实答案很简单：当企业处于不同阶段的时候，驱动企业增长的东西便不同，适合企业的做法自然也不同。

第一个很常见的阶段叫市场驱动阶段。所谓市场驱动，就是市场先动我后动，市场不动我不动。

很多创业者之所以会走上创业这条路，是因为突然发现了市场的一个变化、一个需求、一个机会。比如，小红书的创始人在国外留学时突然发现很多人在购买海外化妆品的过程中会遇到语言不通、价格踩坑的难题，于是创立了一个海外购物分享社区，后来又转型为社交电商。这就是市场驱动。

处于这个阶段的团队，最重要的是做什么？盯着市场。去观察消费者的需求和偏好，去研判甚至预判所谓的红利、风口、趋势，搞清楚消费是在升级还是降级，消费者偏好是重健康还是重口感，什么概念现在最火，什么玩法已经过时，等等。

一旦市场发生变化，马上将这一变化传导到企业，出概念、出方案、出新品、测试、复盘、迭代……一步步去做。

眼睛要永远盯着市场，脚步要永远跟着市场。你的资源、你的战略永远都要以市场为导向。作为回报，你可能会挖到一桶又一桶金，飞得越来越高，直到越来越多的人看见你，希望成为你，进入你的市场，抢占你的份额。

然后要怎么做才能继续增长呢？这时，你的企业其实已经进入了第二个阶段——领导力驱动阶段。

每次说到这个阶段，很多企业主朋友都非常有感触："刚开始创业那会儿，真的有点飘。站在风口上，随便做点什么都能成、都能赚到钱，还以为是自己很厉害。后来，就像网上说的，浪退了才知道，原来自己一直在裸泳。团队问题一大堆，工作很低效，做什么都推进得很累，还拿不到结果。之前的市场机会，别人也都看到了。竞争对手越来越多，玩法越来越卷，要让客户和投资人满意也因此越来越难。"

显然，靠之前的做法肯定不行了，得变。

在这一阶段，你的重点要从盯市场变成抓领导力。

曾被评为"20 世纪最伟大的 CEO"的美国通用电气公司（GE）前 CEO 杰克·韦尔奇（Jack Welch）就曾在他的自传里专门谈道：领导梯队建设是美国通用电气公司基业长青的全部秘密。在 100 多年的发展历程中，这家公司的 9 位 CEO 都是自己内部培养出来的。华为也在《华为基本法》里明确提出，要坚持把各级干部队伍建设放在优先的战略地位。

可见，领导力也是一项重要的驱动。只要领导力上去了，团队效率就能高一点，企业的竞争优势就会大一些，业绩自然也有机会跟着增长。即使是在红利减退、风口消失时，领导力也能带领你的企业继续前行。

可是，领导力具体应该怎么提升？

若真想花心思提升，你可以做的有很多，比如：更新人才观念，为企业梳理出一个系统的、明确的人才能力模型；加大对员工尤其是对各级管理人才的培训力度，提升他们识人用人、激励赋能、带领团队打胜仗的意识和能力；优化企业的组织架构，避免人才错配，等等。

抓团队，抓管理，本质上其实都是在提效，是做强自己的基本功，让你哪怕"卷"到下半场都能成为活下来的那一个。

说到这，很多人会觉得心潮澎湃：我这就回去建一支自己的铁军，打更多胜仗。

祝你成功。但是，人的能力是有极限的，领导力驱动当然也是有极限的。当你的领导力优化到极限，增长再次碰到天花板时，怎么办？

还有办法。有一种驱动能带领你继续前进，而且没有"天花板"，那就是创新驱动。

这时，企业已经进入了第三个阶段——创新驱动阶段。

在这个阶段，你可能会遇到超乎想象的坑，也可能会看到超乎想象的机会。

我说两个故事，你就明白了。

第一个故事发生在 1888 年。一个叫海因里希·鲁道夫·赫兹（Heinrich Rudolf Hertz）的小伙子在他柏林的实验室里首次证实了电磁波的存在。有记者问他这个电磁波有什么用，他回答："没用。充其量能用来在公众面前做做演示，好逗在场的妇女、儿童开心。"

他是在开玩笑吗？不。当时的他是真的不知道这个电磁波能有什么用。他花几年的时间做研究、做实验，只是因为好奇詹姆斯·麦克斯韦（James Maxwell）之前对电和磁的描述是不是正确。

那么，他的研究成果真的"没用"吗？谁能想到，后来的科学家们正是在电磁波的基础上研究出了无线电通信，然后，这个世界才有了手机。

第二个故事发生在 2008 年。一个叫埃达尔·阿勒坎（Erdal Arikan）的土耳其教授写了一篇数学论文，这篇论文总共只有 23 页。

有什么用呢？不过就是一堆全世界加起来也没几个人看得懂的公式。但是，偏偏有几个看得懂的人刚好看到了，并且还看出了这篇论文的应用前景——可以用于 5G 编码。

又偏偏，这几个人刚好在华为工作。

于是，以这篇论文为起点，在此后的十余年间，华为先后投入数千人展开了深入的研究，然后，才有了华为领先全世界的 5G 技术。

这就是创新驱动。

创新驱动最关键的就是两个词——"没用"和"有用"。

首先，创新驱动一定要"没用"。你可能不知道研究出来有什么用，但愿意为了好奇，为了兴趣，甚至为了价值观去研究一些"没用"的猜想和理论，不断地去探索新的可能性。

那么，如果是因为觉得某个课题"有用"、可以解决市场需求而进行研究呢？那就不是创新驱动，而是市场驱动了。因为这就变成了"市场先动我后动"，而不是"创新先动我后动"。

所以，一定要注意，只有当"没用"的创新排在"有用"的需求前面时，才叫创新驱动。

你可能会说："这听起来有点坑啊。我都不知道有没有用，为什么还要先投入人力、物力、财力去大费周章搞创新呢？万一失败了，我不就亏了吗？"

确实，创新驱动有失败的风险。但是，它也带来了成功的可能。这就是创新驱动的第二个关键词——"有用"。

你投入创新，可能会接连遭遇九次失败才获得一次成功，但如果你不创新，就连那一个成功的希望都不会有。

发现了吗？创新驱动的逻辑，本质上其实就是进化的逻辑——物竞天择。先生成大量各不相同的结果，再去和市场上的机会碰撞。没撞上的，默默被淘汰。撞上了的，就能得以生存和发展，甚至开辟出一个新物种、一条新增长曲线。

创新，就是"物竞"；用市场去选择，就是"天择"。

当市场驱动和领导力驱动都已经优化到极限、撞到"天花板"的时候，你还能向哪里要增长呢？还可以靠创新驱动让你的公司再往前一步，再增长一轮。

这就是为什么很多巨头企业都愿意斥巨资做研发，建实验室，甚至投资基础科学研究。

有人说这叫格局，有人说这叫长期主义，还有人说这叫竞争战略，其实从本质上来说都是同一个词：进化。

现在，请认真想一想：你的公司正处在哪个阶段？哪个要素能为你带来真正的驱动力？然后，根据不同的驱动阶段，采取不同的进化策略。

如果你的公司处在市场驱动阶段，那就盯紧市场，野蛮生长。

如果你的公司处在领导力驱动阶段，那就抓好团队，苦练基本功。

如果你的公司处在创新驱动阶段，那就相信进化的力量，敬畏和投资"没用"的探索和研究。

祝你有策略地行动，无止境地进化。

:: :: ::

每年，市场都要给所有创业者出一份考卷。这份考卷一直都不太难，努力学习的人能考 99 分，临时抱佛脚的人也能考 85 分。但是，考卷太简单，对努力学习的人是不公平的。他们会认为凭什么你不努力，也能分走我一半的奖学金？

而增长收敛就是一份变难的考卷。2023 年的这份考卷尤其难。这一次，只有努力学习的人才能考 95 分。临时抱佛脚的人，可能很难及格。优秀的人会脱颖而出。

因为，顺境是所有人的狂欢，而逆境则是优秀者的天堂。

除了增长收敛之外，还有一条线索正在迷雾中以你意想不到的方式牵动着商业世界，那就是人口老化。

第 3 章

人口老化

整个人类都在变老

什么是人口老化?

2023 年 1 月 19 日, 8 万法国民众涌上巴黎街头, 进行罢工大游行。同一天举行罢工示威活动的, 还有马赛、里昂等 9 个城市。法新社报道称, 法国政府统计约 110 万人参与了这次罢工, 而法国工会则称有 200 万人参与。[注]2023 年 1 月 31 日, 法国八大工会组织第二次罢工。这一次, 法国工会统计有 280 万人参与。紧接着, 第三轮、第四轮、第五轮……一直到 2023 年 6 月 6 日的第十四轮罢工。这场罢工潮蔓延到整个法国, 声势浩大, 旷日持久。

他们到底在抗议什么呢? 答案是: 延迟退休。

法国现行的政策是 62 岁退休。从 2023 年 9 月起, 法

㊀ 上观新闻. 法国为何爆发百万人大罢工? 马克龙会让步吗?
[EB/OL].（2023-01-20）[2023-11-08].https://new.qq.com/rain/
a/20230120A04TLO00.

国退休年龄将每年延迟 3 个月，直到 2030 年延迟到 64 岁。法国八大工会对这一政策表示强烈反对，并接连组织了数场大规模的罢工抗议。

64 岁退休真的很晚吗？我们来看看其他国家：美国的法定退休年龄是 67 岁，但人们可以选择在 62 岁开始领取部分退休金；英国的法定退休年龄为 66 岁，但到 2028 年会提高到 67 岁；日本的法定退休年龄是 65 岁，但也允许提前或延迟退休；德国的法定退休年龄是 65 岁，到 2031 年推迟到 67 岁，但可以在 63 岁开始领取部分退休金；澳大利亚从 2023 年 7 月 1 日起将法定退休年龄提高到 67 岁；加拿大的法定退休年龄是 65 岁，但允许 60 岁开始领取部分退休金，或者推迟到 70 岁领取更多退休金。

这么看来，64 岁退休真的不算晚。

延迟退休已经成为全球趋势，可是，这到底是为什么？辛苦了大半辈子，我想早点归隐山林，或者早点环游世界，有错吗？

要理解这个问题，就要理解一个非常重要的人口学概念——人口抚养比。

人口抚养比可以用一个公式来表示：

人口抚养比 = （儿童人口 + 老年人口）/ 劳动年龄人口

我们把人的一生分为三个阶段：儿童、成年和老年。儿童没有劳动能力，老年人逐渐失去劳动能力，他们需要依靠正处于劳动年龄阶段的成年人养活。用儿童人口和老年人口之和除以劳动年龄人口，就是人口抚养比。它表示每个劳动年龄人口要抚养除自己之外的几个人。

有人可能会说："抚养儿童我理解，可是，老年人不是靠自己的养老金养活的吗？"理论上是这样的，但实际上，你年轻时交的养老金主要都用来养活当时的老年人了，而你年老以后领取的养老金都是你的下一代缴纳的。

还是有人感到不解："人口抚养比和我有什么关系？会影响我找工作吗？会影响我创业吗？"当然会有影响。老年人口增加，劳动年龄人口减少，社会保障系统的压力就会变得更大。在这种情况下，作为个人，你需要缴纳的养老金有可能会因此增加。同时，劳动人口的减少还会导致劳动力短缺，进而导致劳动力成本上升。那么，相应地，企业的经营成本也会增加。而企业经营成本增加又会导致税收来源减少，与此同时，老龄化带来的公共支出却在增加。因此，政府也会感受到巨大的财政压力。所以，个人、企业、政府都会感到压力山大。

人口抚养比就像体检报告里的"血压"一样，反映着经济压力的高低。

这么一说，你现在可能就能理解为什么这些国家要延迟退休了。因为延迟退休相当于把一部分人口从分子重新"拖回"分母，从而给人口抚养比"降压"。延迟退休是给经济的"速效降压药"。

那么，这些国家经济的"血压"有多高呢？

根据世界银行 2021 年的统计，加拿大的人口抚养比是52.1%，这意味着每个劳动人口要抚养半个儿童或者老人，"血压"相当之高。美国的人口抚养比是 53.7%，"血压"更高。澳大利亚的人口抚养比也是 53.7%，德国的人口抚养比是 56.4%，英国的人口抚养比是 57.7%，"血压"都不低。为抗议延迟退休罢工了 14 次的法国呢？从 2016 年开始，法国的人口抚养比已经超过 60%，非常之高。而深度老龄化最严重的日本，人口抚养比是 71.1%。

是该降压了。

但是，延迟退休这款"速效降压药"只能短期治标，无法长期治本。只靠延迟退休，是无法阻挡"人口老化"的总体趋势的。

根据 1956 年联合国《人口老龄化及其社会经济后果》确定的划分标准，当一个国家或地区 65 岁及以上人口数量占总人口比例超过 7% 时，则意味着这个国家或地区进入老龄化；当 65 岁及以上人口数量超过总人口的 14% 时，即进入深度老龄化；超过 20% 时，即进入超级老龄化。

2019 年 6 月 17 日，联合国发布的《2019 年世界人口展望》报告显示，2019 年 65 岁及以上人口在全球总人口中所占的比例是 9%，这意味着人类社会已经进入老龄化阶段。到 2050 年，这一比例将上升到 16%。也就是说，在 2050 年之前，世界将进入深度老龄化。而到 2100 年，预计 65 岁及以上人口在总人口中所占的比例将达到 23%，到那时，人类社会将进入超级老龄化。

整个人类，都在变老。

而这个星球上的前三大经济体美国、中国、日本将比其他国家更早经历这一切。

老龄化程度的提高，会连带造成劳动人口占比的相对下降。

根据联合国不悲不喜的中性预计，欧美的劳动人口占比大约从 2010 年开始减少，并且这个趋势会一直持续下去，直到这个世纪结束都不会停止。亚洲也是一样，亚洲的劳动人口占比大约从 2020 年开始也在一路下行，直到这个世纪末。

未来 70 ~ 80 年，全球经济将经历一场持续大半个世纪的"高血压"。

可是，这"血压"到底是怎么升高的呢？因为生育率的长期下降。

衡量生育水平最常用的指标之一是总和生育率。国际上将总和生育率 2.1 界定为世代更替水平（足以维持人口世代更新、人数不增不减的生育率水平），也就是说，一对夫妻生两个孩子，正好"替代"自己。而总和生育率 1.5 左右是一条"高度敏感警戒线"，如果一个国家或地区的总和生育率降到 1.5 以下，就有跌入"低生育率陷阱"的可能。

从 1950 年开始，欧洲和美国的总和生育率就一路下降。到 20 世纪 70 年代，这一数据已跌破了世代更替水平。到 2021 年，该数据更是跌到了 1.6 左右。

1.6 的总和生育率意味着什么？意味着下一代人口不够替代这一代。如果长此以往，劳动人口占比势必会下降。而同时，老年人口占比则会越来越高。于是就会出现这样的现象：更少的成年人要养活更多的老年人。人口抚养比这个"血压"，就这么升高了。

那么，中国呢？

1991 年，中国的总和生育率首次跌破世代更替水平。2016 年全面两孩政策实施，很多人期待这一政策能使这个数字反弹，但令人遗憾的是，2017 年中国的总和生育率继续下滑，并在此后一直保持这种态势。到 2020 年第七次全国人口普查时，中国的总和生育率已经跌到了 1.3。

这种几乎"每代减半"的趋势，导致中国的劳动人口数量不断减少，使中国的人口抚养比快速上升。

根据《中国统计年鉴》，2011 年，中国的人口抚养比是 34.4%。仅仅 10 年后，即 2021 年，人口抚养比就上升为 46.4%，"血压"飙升。[⊖]

很多人开始担心：我们的下一代能否养得起我们？

那怎么办？答案很简单，就是提高生育率。但这并不是一件容易的事，生育率降低不是中国独有的，而是全球几乎所有国家都要面对的问题。中国的生育率在降低，欧美国家的生育率在降低，全人类的生育率都在降低，为什么？

大家总以为，经济发达了，生活条件变好了，人们就会多生孩子。但事实恰恰相反，当经济上没有太大压力时，人们反而不愿意生孩子了。这是因为从经济学的角度来说，生孩子的一个重要动机是"养儿防老"，但现在人们不再依赖儿女来养老了，因此生育的动力就大大下降了。

提高生育率不仅是中国的难题，也是全人类共同的难题。

很多有识之士都在为此努力。我有一档对话节目，

⊖ 21 世纪经济报道. 数读统计年鉴｜解密我国各省人口结构：7 省份总抚养比超过 50%[EB/OL].（2022-12-26）[2023-11-06].https://www.sohu.com/a/621181881_121255906.

叫《进化者》。在这个节目中，我对话过阿里巴巴的首任
COO 关明生、惠普大中华区前 CEO 孙振耀、华与华营销
咨询创始人华杉、三只羊网络董事长小杨哥，等等。这些
人都很厉害，但其中有一个人尤为特别，他就是携程创始
人梁建章。我和梁建章进行了长达 3 个小时的对话，但在
整个过程中我们完全没有聊携程，而是一直在聊人口。

梁建章的另一个身份是人口经济学家，这些年，他一
直致力于研究如何提高生育率的问题。他说的一句话我很
赞同：我们不能"逼着"不愿意生育的家庭生孩子，我们
只能想尽一切办法，帮助愿意生育的家庭降低生育成本、
养育成本和教育成本。2023 年 6 月，携程集团宣布了一项
计划，将投入 10 亿元生育补贴，用于激励员工生育。全球
范围内入职满 3 年的携程员工，无论性别，每新生育一个
孩子，将获得每年 1 万元的现金补贴，发放至孩子满 5 周
岁终止。[○]

我不是人口学家，也不会"催生"，但我希望帮你看清
"人口老化"这条线索，然后重新理解儿童、劳动人口和老
年市场的变化，以及这些变化中存在着哪些机遇。

○ 中国日报网. 携程将投入 10 亿元鼓励员工生育 每生一孩补贴 5 万
[EB/OL].（2023-07-03）[2023-11-06].https://language.chinadaily.
com.cn/a/202307/03/WS64a288eda310bf8a75d6cf47.html.

有红利时要会冲浪，没红利时要会游泳

人口老化给中国的社会经济带来了巨大的变化，首先是儿童市场发生了天翻地覆的改变。

图 3-1 是 2018 ～ 2022 年婴幼儿配方奶粉的市场规模增速变化趋势图。从中我们可以看到，其整体趋势是逐年下滑的，2022 年甚至出现了负增长。从人口老化的视角看，你会知道，这不是因为卖奶粉的不努力，而是因为买奶粉的人少了。换言之，这个行业在萎缩。

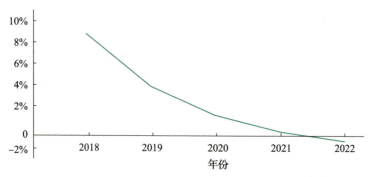

图 3-1　2018 ～ 2022 年婴幼儿配方奶粉的市场规模增速变化趋势

资料来源：前瞻产业研究院发布的《中国奶粉行业市场前瞻与投资战略规划分析报告》。

图 3-2 反映了 2017 ～ 2022 年全国幼儿园数量的变化。根据 2022 年的《全国教育事业发展统计公报》，我国幼儿

园数量在 2022 年减少了 5610 所，降至 28.92 万所。这是自 2008 年以来的首次负增长，可见这个行业也在萎缩。

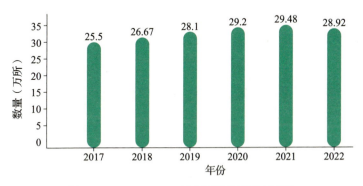

图 3-2　2017 ～ 2022 年全国幼儿园数量变化

这两个例子充分说明了儿童市场在萎缩。

知道一个市场在萎缩，有什么用？很有用。因为当我们身处"扩张市场"时，要采取的就是适合扩张市场的策略，而当我们身处"萎缩市场"时，要采取的就是适合萎缩市场的策略。只有认清所处的市场阶段，才能选择正确的策略。

那么，适合"萎缩市场"究竟应采取怎样的增长策略呢？

举个例子，假设某行业的平均利润率为 10%，其中，有些企业的利润率低一些，在 2% ～ 4%，有些企业的利润率高一些，在 6% ～ 8%，有些企业的利润率甚至超过

15%。把这些企业按照利润率从左到右排开，就形成了一条企业利润率水平曲线。

突然，这个市场开始萎缩。卖方人数不变，买方人数减少，于是就出现了供大于求的情况。这时，企业为了生存，必然会发动价格战。价格降低，但成本没降，于是行业的利润率整体下降。这个过程就叫作"卷"。

过去，一些低效的企业只要有4%的利润率就能活，甚至2%的利润率也能活，但现在，它们的利润为负，实在是无法生存下去了，怎么挣扎都没用，只好倒闭退出。这时，它们所服务的客户和所拥有的人才都会被释放出来，流向更高效的企业。"死亡"是一个公司对商业世界的最后一次贡献。这样一来，高效企业的规模反而扩大了。市场份额由此集中到更少数的企业手中。

可见，市场开始萎缩的时候，也是行业开始集中的时候。

所以，在"扩张市场"阶段，企业的策略可以是"你打你的，我打我的"。因为市场足够大，谁都吃不完。而到了"萎缩市场"阶段，企业的策略可能就要变成"生死看淡，不服就干"了。

因为智能手机的拍照功能越来越强大，单反相机的市场呈现整体萎缩的趋势。怎么应对这种局面呢？佳能和尼康推出了更先进的相机、更多元的产品，而那些小的相机品牌、入门级别的相机机型则逐渐被迫退出了市场。于是，佳能和尼康（尤其在全画幅产品和高端微单机型方面）反而比以前占据了更大的市场份额。

因为数字媒体的崛起，报纸和杂志的市场迅速萎缩。于是，《纽约时报》和《华尔街日报》提高内容质量，推出在线订阅服务。大量传统媒体受到互联网的冲击，最终退出市场，而《纽约时报》和《华尔街日报》的市场份额不降反升。

因为聚会宴请减少以及年轻人口味改变等各种因素，中国白酒市场已经连续六年萎缩。根据腾讯营销洞察（TMI）联合中国酒业协会推出的《2023 年中国白酒行业消费白皮书》，自 2017 年以来，白酒的年总产量便开始逐年下降。随着产量增速的持续下降，2019 年起白酒的产量开始出现负增长，产量增速为 –0.8%；2022 年，产量增速更是下滑至 –5.6%。2022 年，纳入国家统计局范畴的上规模白酒企业完成酿酒总产量仅为 671 万千升，较 2017 年（1198 万千升）下降约 44%。为了在困境中求得生存，头部白酒品牌加大了传播力度，越战越勇。飞机场、高铁站，铺天盖地的都是白酒广告。它们尤其注重对年轻人的触达，比如茅台联合瑞幸推出了适合年轻人口味的"酱香拿铁"，希望以此赢得年轻人的青睐，因为清香、浓香、酱香三大香型之间的切换壁垒很高，年轻人的"第一口酒"直接影响他未来的香型选择。2016 年，白酒行业 CR5⊖加在一起的市场占有率是 15.4%，而 2022 年，这一数字已经提高到了 42.9%。⊖市场萎缩了，行业却更集中了。尤其是茅台，已连续六年逆势增长。

生死看淡，不服就干。有红利时，要会冲浪；没红利时，要会游泳。

劳动人口减少，让人工智能替我们负重前行

人口老化带来的劳动人口减少，又会带来哪些商业变化呢？

劳动人口减少，会带来企业治理方式的变化。

很多人都知道，日本有两项实施了很长时间的制度：一是终身雇用制——一进企业门，一辈子是企业人；二是年功序列制——随着工作年限的增加，工资也会逐年增长。

⊖ 白酒行业 CR5 指的是行业中的前五名酒企，分别是贵州茅台、五粮液、泸州老窖、洋河股份、山西汾酒。

⊖ 东莞证券. 春意已近，静待花开：疫后复苏之白酒行业专题报告 [EB/OL].（2023-04-26）[2023-11-07].https://pdf.dfcfw.com/pdf/ H3_AP202304261585861012_1.pdf?1682520544000.pdf.

"终身雇用，年功序列"听上去与企业管理中常用的"赏罚分明，奖优罚劣"理念完全相悖。日本为什么要实施这样的制度呢？

因为第二次世界大战后日本出现了大规模的劳动力短缺，"招不到人"成了日本企业最大的问题。为了留住人，日本的一些企业开始尝试终身雇佣制和年功序列制，向员工承诺只要不跳槽，就可以永远不辞退、年年涨工资。从本质上来说，这两项制度是为了解决劳动人口短缺的问题。这就是劳动人口减少对企业治理方式的影响。

劳动人口减少，会带来企业管理手段的变化。

这几年，网上很流行"00后整顿职场"的段子。比如，其中一个段子是：80后是"收入更高我就离职"，90后是"领导骂我我就离职"，00后是"领导不听话我就离职"。在大家的印象里，00后这一代人似乎比过去的几代人都更任性。这可能与00后的生活条件优渥有关，他们出生在社会经济蓬勃发展的和平盛世，有很高的安全感，但也可能与00后这一代人数大幅减少有关。岗位需求没有明显减少，但供给人数大大减少了，供需关系发生了巨大变化。所以，00后为什么能"整顿职场"？因为稀缺。这个领导不听话？还有其他好几个领导等着听我的话。

未来替我们负重前行的，可能不再是『人』，而是『人工智能』

有红利时，要会冲浪；

没红利时，要会游泳

　　除了会带来治理方式和管理手段的变化，劳动人口减少还会带来商业模式的变化。

　　2023 年 10 月 1 日，我正式闭关，为接下来的年度演讲做准备。闭关前的最后一次出差，我去了深圳。在我入住的酒店门口，我看到了一个很有意思的设备——无人机空投柜。

　　如今，当你在外卖 APP 上点外卖时，可能会看到这样的提示：无人机已接单。随后，一架无人机会以 10 米 / 秒的速度从空中向你飞来，对你进行精准投喂。

　　我赶紧去问美团的同学，他们说：大惊小怪。美团的无人机已经在深圳配送 12 万单了，平均每单配送时间为 12 分钟，比人还快，一共为用户节省了近 3 万小时的等待时间。⊖

　　还需不需要外卖小哥？当然需要。但有些时候，无人机确实比人更快，甚至更便宜。

　　随着劳动人口的减少，人力成本一定会越来越高。原来月薪 1 万元就能招到的人，未来可能要用 2 万元甚至 3 万元月薪才能招到。"人机协同"已经成了一种必然趋势。未来世界的岁月静好，或许要靠人工智能替我们负重前行了。

　　⊖ 深圳商报. 外媒点赞无人机配送 [EB/OL]. （2023-05-25）[2023-11-07].https://www.sznews.com/news/content/2023-05/25/content_30242216.htm.

百度副总裁李硕给我讲过几个故事。

李硕说，人们都怕高压电线，但你知道高压电线怕什么吗？高压电线怕鸟，怕风筝，怕木棍，怕积雪，怕烟，怕火，还怕挖掘机、起重机，怕附近一切会碰到自己的"异物"，因为这些异物不但可能造成断电事故，影响一方居民生活、工业生产，甚至还可能引发火灾，导致财产损失、人员伤亡。所以，高压电线附近必须非常"干净"。

那怎么确保高压电线附近干净呢？派人巡检。电力巡检员顺着高压电线来回走，边走边检查有没有"附着物"，上午一个来回，下午一个来回，有时甚至需要打着手电筒深夜巡检。可是，全国 220 千伏及以上电压的省级主干输电线路有 80 万公里。巡检 80 万公里输电线路，需要两三万名电力巡检员。换言之，我们之所以能舒舒服服地在炎热的夏天里吹着空调、刷着手机，是因为有两三万名电力巡检员每天在恶劣的环境里替我们负重前行。

但是，替我们负重前行的电力巡检员现在正在减少，原因正是劳动人口减少。那怎么办？让人工智能替我们负重前行。

因为这些年在智能驾驶领域的持续耕耘，百度训练出了一双越来越聪明的"眼睛"。这双眼睛可以准确识别行人以及车辆、路障等各种物体，保证车辆行驶安全。于是，他们想，能不能利用这双"眼睛"来识别高压电线上的异物呢？2019 年，百度智能云和国家电网山东分公司合作，尝试用 1 万个经过训练的"人工智能眼"接管 5000 公里的高压电网巡检工作。这些"见多识广"的人工智能眼全天候地监控着电网线路上的任何变化，一旦发现"异动"，就会立即通知"中央大脑"进行分析和识别。例如：它能分辨出这是一辆路过的自行车，那是一只飞过的鸟。如果它识别出那可能是烟，还隐隐有火光，就会立刻通知巡检人员可能有险情。

2020 年 3 月 8 日下午，在山东淄博一处人烟稀少的郊区，百度人工智能眼一直密切监控着那里的高压电网。突然，它的视野里出现异动，图像马上被送回中央大脑做分析，原来是出现了浓烟。

这可不得了。浓烟之上是 1000 倍于家用电压的高压线，如果浓烟变成明火，后果不堪设想。中央大脑立即向巡检人员发出警报，接到警报后，巡检人员立刻带着灭火设备、电力检测设备赶往现场。

5 分钟后，浓烟果然变为明火。还好，巡检人员及时赶到了现场。1 小时后，火情得到了有效控制。输电线路继续安全运行，有惊无险。

吹着空调、刷着手机的市民完全不知道这 1 小时内发生了什么。但是，长舒一口气的巡检人员知道，这岁月静好的背后是人工智能开始接过人类的担子，替我们负重前行。

李硕告诉我，人工智能的负重能力比人类要强大得多。他们把用于自动驾驶的"眼睛"用于电力巡检后，发现它对导线异物的识别率达到了 80%，对烟火的识别率达到了 90%，对各类施工车辆的识别率达到了 95%。更重要的是，它可以不吃不喝、不眠不休，一直坚守在那里。

这让我真的很感动。

电网安全只是一个小例子，在更多领域，人工智能从人类手中接过了接力棒，比如质检领域。

李硕问我："润总，你了解化纤行业吗？"

我说，大概了解。化纤行业的上游是石油，下游是纺织。化纤行业就是把上游石油里面的高分子溶液拉成具有强度高、吸湿、易染色、抗静电、阻燃等优点的各种细丝，盘成一卷一卷的化纤供下游织布做衣服。当然，化纤除了织布做衣服，还是渔网、医疗缝线、绳索、运输带、滤布等重要产品的原材料。

李硕告诉我，化纤行业一直有两个问题：断丝和偏色。断丝若被送到下游工厂，会导致纺织过程中出现故障。偏色若出现在最终的衣服、袜子、帽子上，会影响产品的品质。

那怎么解决断丝和偏色的问题呢？过去，是用"手电筒 + 女工"来解决。女工用强光手电筒照向一卷卷成品化纤，用肉眼检查有没有断丝和偏色。一家有 2000 名员工的传统化纤厂可能会有 200 多名女工是负责检查断丝和偏色的。

这样质检效率太低了，所以良品率低成了化纤行业的顽疾。可是，良品率又非常重要，良品率不稳定的化纤厂不可能在下游拿到大单。正因为如此，尽管中国化纤产量在全球位居前列，但在全球五大化纤企业中却没有一家中国公司的身影。

怎么解决这个问题呢？答案依旧是让人工智能替中国负重前行。

百度智能云的工业互联网平台叫"开物"，这些年开物服务了不少工业企业，其中就有中国的化纤巨头恒逸化纤。

恒逸化纤很早就和百度进行了深入的讨论，探讨能不能把百度的人工智能视觉识别技术用于断丝和偏色识别，从而取代疲惫不堪的质检员并提高良品率。当然可以。人工智能视觉识别除了识别准确，更重要的是不知疲倦。于是，百度和恒逸化纤决定尝试把质检环节从仓库提前到生产车间，让人工智能睁大眼睛一直盯着不断拉出来的丝，进行实时质检。

他们尝试后发现，一只人工智能眼就能完成 10 个女工的工作量。而且，只要每 5 秒钟瞥一眼生产线，人工智能眼就能达到人工质检的良品率，甚至更高。

但这还不是最重要的，最重要的是这帮助恒逸化纤实现了全球化生产。

大家都在说"全球化生产"，可当你真的到了越南、非洲建厂后就会发现，那里的人工虽然便宜，但职业化程度远低于国内。有些要求高的工种，比如质检，很难招到合适的人，勉强招到，良品率也惨不忍睹。而有了人工智能眼，良品率就不再受限于工人的职业化程度了。这对全球化生产实在是太重要了。在人工智能眼的帮助下，恒逸化纤把工厂开到了世界各地，并实现了在杭州办公室做全球范围内的品控。

我们常说，你以为的岁月静好，只不过是有人在替你负重前行。这句话说得非常好。只不过，未来替我们负重前行的可能不再是"人"，而是"人工智能"。

那些艰苦、枯燥、危险的工作，还是让人工智能去做吧。在劳动人口减少、劳动力稀缺的今天，人类应该被解放出来，做更有创造力、更有意义的工作，为经济发展创造更大的价值。

真正理解老年人，才能进入老年市场

人口老化带来的另一个巨大变化，是老年市场的变化。

2021 年第七次全国人口普查结果显示，60 岁及以上人口约为 26 402 万人，占总人口的比重为 18.70%，与 2010 年第六次人口普查结果相比，60 岁及以上人口的比重上升了 5.44%。[⊖]而从 2022 年开始，中国每年出生的人口不到 1000 万人，但每年退休的人口超过 2000 万人。[⊜]这意味着老年人口将会越来越多，老年市场是一片蕴藏着巨大机会的蓝海。但是，怎么抓住老年市场的机遇？

想进入老年市场，你必须真正理解老年人。

请问：如果要做一款老年人手机，你应该怎么做？

很多人会想到把字做大，认为字大一点的手机就是老年人手机。但实际上，字大并不是关键。

你教过父母用手机吗？你教过家里的老人用手机吗？我教过，但越教越崩溃。我告诉他们按"下一步"，可是

⊖ 国家统计局. 第七次全国人口普查公报 [1]（第五号）——人口年龄构成情况 [EB/OL].（2023-06-23）[2023-11-06].http://www.stats.gov.cn/sj/pcsj/rkpc/7rp/zk/html/fu03e.pdf?eqid=8c282d4f001f1fe100000002647952d8.
⊜ 界面新闻. 人口学家彭希哲：每年超 2000 万人退休，对新一轮"退休潮"应有所准备 [EB/OL].（2023-06-23）[2023-11-06].https://www.jiemian.com/article/7606042.html.

他们一直在犹豫，就是不去按那个按钮。我很纳闷：这么大的"下一步"三个字，为什么就是看不到呢？在我的百般催促下，在做了大半天的心理建设之后，他们终于按了那个"下一步"，然后，下一页的屏幕上又出现了一个"下一步"……

我突然意识到，父母其实不是"看不见"手机屏幕上的字，而是"看不懂"这些字背后的那个世界的逻辑。他们不是"不肯按"这个"下一步"，而是"不知道"到底什么叫"下一步"，不明白为什么要一直按它呢？为什么按完之后还要按呢？到底有多少个"下一步"？

老人遇到的问题，是他们和我们生活在不同的世界。

那怎么办？可以做个"一键求助"功能。老人找不到保存在手机里的全家福时，只需要按一下"一键求助"，孩子就能远程帮忙操作，甚至可以一边操作一边讲解。

小时候，父母耐心地教我们怎么吃饭；长大了，我们耐心地教父母怎么用手机。

再请问：如果要做一款老人鞋，你应该怎么做？

足力健老人鞋的创始人张京康最适合回答这个问题。几年前我在刚认识张京康的时候就请教过他这个问题：老人鞋的核心是不是"便宜"？

张京康说，当然不是。老人穿鞋会遇到各种各样的问题，而价格并没有那么重要。

比如，鞋子挤脚的问题。人老了，承受了几十年体重的足弓会逐渐塌陷，整只脚就会向前挤，拇指会被挤到外翻。足弓塌陷让老人觉得自己的脚好像变长了，拇指外翻又让老人觉得自己的脚好像变宽了。对很多女性来说，情况还会更夸张。因为女性有时会穿高跟鞋，而高跟鞋又会把脚趾往前挤，时间一长，大拇指根就会反向突出，脚就更宽了。

老人总以为自己的脚在变大，实际上是脚在变形。这才是老人总是感觉鞋子挤脚、无论买什么样的鞋穿着都不太舒服的根本原因。

为了解决这个问题，很多老人会买大一码的鞋。可是，就像前面说的那样，这不是大小的问题，而是形状的问题。小一码，宽度不够。大一码，宽度是够了，但长度又不对了。最终，鞋子一直不合脚，很多老人因为这遇到了危险。

比如，鞋子磨脚的问题。老人的脚后跟和年轻人不一样，干干的、皱皱的，很多人觉得这是"时间的痕迹"，其实，这是老人的皮下脂肪不断流失导致的。根据足力健的统计，52.1% 的老人双脚磨损最严重的地方就在脚后跟。这也是为什么有很多老人在走路的时候说自己脚后跟疼。

再比如，鞋底打滑的问题。老人的身体机能比不了年轻人，走起路来腿上没力。脚抬不起来，重心就容易不稳。要是鞋底还滑，人就更容易摔倒。而老人一旦摔倒，问题就很严重。

这些都是老人会遇到的独特问题，因此给老人做鞋一定要注意。

于是，足力健从七个维度（脚长、脚宽、掌围、腰围、背围、兜跟围、脚趾厚度）对老人的脚型进行了专业的数据分析，并和"中国鞋楦第一人"陈国学老师达成合作，共同解决老人穿鞋的问题。

比如，设计更专业的鞋楦。

老人鞋一定要单独设计鞋楦，才能解决鞋子挤脚的问题。这种鞋楦要比普通的鞋楦更宽一些，尤其是鞋头的位置，这样制作出来的老人鞋才会更加合脚。而陈国学老师是国家一级鞋类设计师，他基于足力健提供的老人脚型数据，为足力健的鞋楦设计、开发、制作提供支持。双方合作，研发出了更专业、更舒适的老人鞋。

比如，填充更合理的材料。

足力健在鞋垫后跟的位置设计了一个向上翻起的"U型跟"，稳固贴合足底，又用厚厚的海绵把脚跟包起来，确保干裂的脚后跟不会被磨到。在足弓位置，足力健用承载力强、抗冲击和具有减震性能的 TPU（热塑性聚氨酯弹性体），制成"足弓托"。这种足弓托会在脚内侧中腰的位置撑起脚心，向前后分散由身体施加给足底的压力，这样即使老人走路多了也不会脚疼、脚累。在跑步、快走、下坡的时候，足弓托还能很好地锁定前后受力，保持脚底受力平衡，这在很大程度上也为老人避免了崴脚风险。

再比如，实现全方位的防滑。

年轻人的鞋子通常鞋底触地面积很小，这看起来很酷，但容易不稳。老年人的鞋子不能只追求酷，鞋底触地面积要大，重心才会稳。而且，足力健还在鞋头的位置做了一个有弧度的防撞头，避免老人在抬脚的时候被脚下各种乱七八糟的东西绊倒。此外，足力健还选用了经过科学论证的鞋底材料，这种材料既防滑，又不会像刹车时抱死轮胎一样，导致老人轻易摔跤。

这些设计实在是考虑得太细致了。

你能想象吗？当我第一次从张京康那里听到这些调研结果和解决方案的时候，我整个人都震惊了。这哪里是在研究鞋子的设计，这简直是在研究老年人的生理、活动场景、行为习惯以及他们的需求。

　　但很快，我就发现：我还是太低估足力健了。

　　因为他们所做的细致的研究远不止于此。他们发现，老年人的需求不只是一双专业的鞋，老年人独特的问题也不只是穿鞋。老年人可能早在"穿鞋"之前，就已经被"买鞋"的问题给难住了。

　　于是，足力健做了很多针对性的努力，帮助老人解决选品、退换货、下单等方面的问题。

　　在选品方面，老人不知道该买多大的鞋，怎么办？足力健单独设计了鞋楦，确保了鞋子大小宽窄的稳定性，老人只要曾经买过足力健的鞋子，复购的时候按照之前的码数来选就可以，不需要担心偏码的问题。

　　在退换货方面，老人不知道该找谁，怎么办？足力健准备了老人最习惯的联系方式——电话。有退换货需求的时候，老人只需直接拨通线上客服的电话，其他的联系快递公司、快递下单、跟踪快递进程等动作都由足力健的工作人员来完成。同时，足力健要求内部工作人员必须以3～5天为期限完成退换货的全部动作。

　　在下单方面，老人不会用手机，怎么办？足力健进行了线上、线下数据服务软件系统的搭建，为未来的跨平台售后做前期测试，测试成功之后，就可以实现"子女在线上操作，老人在线下换货"的场景体验。

你发现了吗？老人鞋的重点，从来都不是"鞋"，而是"老人"。

也正是出于这样的思考，足力健坚持着"关爱老人，孝暖夕阳"的企业理念。而在这样的企业理念之下，足力健还承担着远比做老人鞋更重要的社会责任。

比如，改善老人走失问题。

根据民政部下属中民社会救助研究院联合今日头条发布的《中国老年人走失状况白皮书》，全国每年走失的老人数量约在 50 万，平均每天约有 1370 个走失老人案例发生。他们之所以在离开家门之后迷失，可能是因为身体出现了不适，也可能是因为遇到了特殊状况，甚至可能是因为忘记了回家的路。

张京康给我讲了一个故事。足力健有一位在北京工作的 28 岁顾客，叫小孔。9 年前，她的爷爷出现了阿尔茨海默病症状，也就是俗称的老年痴呆症。这是一种中枢神经系统退行性疾病，会引发记忆力下降、认知功能障碍、反应迟钝、行动迟缓。随着病情的发展，还会出现行动困难、摔倒的情况。一开始，爷爷只是会遗忘一些生活中的琐碎小事，比如出门时会忘记带钥匙，拿起电话时会忘记号码，或者会忘记把很久没见到的小物件藏在什么地方了。

对于爷爷的病情，家人很上心，带他去看了最好的医生，也一直在用口服药物控制爷爷的病情发展。

但是，世上唯一敌不过的事情就是时间。

9 年过去了，爷爷遗忘的事情从以前的小事变成了越来越多的大事，比如会记不住家的地址，会遗忘曾经发生的特别重要的事，会忘记身边出现的人是谁。

于是，家人买了一个定位手环给爷爷戴上。可是，爷爷连住址都忘记了，怎么还能记得戴手环呢？

小孔和足力健的工作人员说，要是能在鞋子里放个定位器就好了。这样就能追踪老人的位置，监测老人的运动，预警老人的摔倒。

老人走失问题是一个非常实际的问题，也是一个重要的社会课题。

为了解决这个问题，足力健和西安电子科技大学合作成立了"智能穿戴联合实验室"。通过将电子科学技术应用于鞋类产品，他们成功打造出了"智能老人鞋"，实现了传统优势产品的科技赋能。

这种智能老人鞋携带两种不同的硬件：一种放置在鞋舌或者鞋后跟处，用来实现"供电＋定位＋久坐提醒"；另一种放置在鞋底，用来实现"计算步数＋预防跌倒"。

通过压力感知功能，这两种硬件每 5 分钟就会向后台服务器上传一次位置信息、电量信息、计步信息、运动轨迹。如果出现穿鞋后长时间不移动的情况，会进行即时提醒。通过这样的方式，智能老人鞋具备了通信、计步、定位和判断跌倒预警等功能。同时，智能老人鞋还可以连接老人和子女的手机 APP，实现信息同步，让子女能随时随地监护老人的安全，掌握老人的行踪和健康状况。

比如，布局老龄产品生态链。

从 2020 年开始，足力健基于对老龄产业的研究、对品牌和渠道力量的沉淀、对资源的整合、对发展趋势的洞察，开始将产品从老人鞋延伸到老龄消费品，比如老人足部按摩器、老人润足霜、老人运动服、老人鹅绒服等。今天足力健的业务范围已经覆盖了老人营养食品、老人鞋服、生活用品、科技产品等多个领域。

再比如，组织并参与"5·29 爱足日"活动，持续关注老人足部健康；捐赠善款，用于购买活动板房车，为农村老人提供便利的洗澡、理发服务；携手中国老龄事业发展基金会成立足力健爱老基金，并以此为中心开展更多针对老年人的关爱活动，进一步支持中国老龄事业的发展，弘扬中华民族敬老的传统美德。

我这才发现，原来足力健早就和我想的不一样了。

从老人鞋开始，又不限于老人鞋；从提供商品开始，又不限于提供商品。

凭借着对老年人的理解，足力健创造了辉煌的业绩：在 2023 年还没有过半的时候，足力健就做到了 14 亿元 GMV（Gross Merchandise Volume，商品交易总额）。在 2023 年京东 "6·18" 购物节期间，足力健的一款到手价仅 149 元的薄荷爸爸鞋成为超级爆款。在天猫平台，足力健在 2023 年的前 9 个月里有 7 个月将复购率做到了 20% 以上；在抖音平台，足力健做到了退货率远低于行业平均水平……

张京康的一句话给我留下了很深的印象：老年市场不是一个消费力差的下沉市场，而是一个需求独特的差异化市场。

说得真好。

面对一件商品，老人可能更注重它的实用性、简单性，以及是否便宜。可是，老人需要的从来都不只是一件商品。

他们需要的是全新的需求被看见，是独特的问题被解决，是有家人的陪伴、子女的照顾，是不被这个不同的世界甩在后面。

他们需要的是爱。

希望天下的老人都能被这份爱包围。

希望天下的父母都能健康长寿。

∷ ∷ ∷

人口老化给我们带来了挑战，也带来了变化和机遇。

这是因为灭绝与爆发同宗、衰退与增长同源，关键是你是否看清了变化背后真正的线索。

祝你迎来你的爆发。

探索变化的过程既让人振奋，也让人焦虑。每当此时，另一条隐藏的线索就会浮现出来，这条线索就是情绪生长。

第 4 章

情绪生长

情绪是下一个赛道

什么是情绪生长?

我给你举个例子。你知道现在的小学生最大的爱好是什么吗?你可能希望是写作业、做家务。

我也希望是,但是,他们喜欢的是盘手串。对,就是中年人的三大爱好"钓鱼、摄影、盘手串"中的那个盘手串。

你觉得有意思吗?今天的小学生迷上盘手串,或许是因为他们觉得那些珠子碰在一起的声音特别悦耳、特别解压。

的确,小学生的压力很大。成年人经常抱怨"996",其实很多小学生都是"711"——从早上 7 点到晚上 11 点,而且全年无休。不要以为你是家里压力最大的那个人,小学生的压力可能比你还大,而盘手串就相当于高压锅的泄气阀,能帮助他们释放压力。

现在，人们的压力普遍有点大。作为一个商业顾问，我经常要参加很多活动，如去企业讲课，去行业大会演讲，参加私董会。其中，私董会的氛围很不一样，在这里，我看到一群平时雷厉风行的老板坐下来苦笑和叹气，听到他们聊起最近遇到的问题以及面对问题时的迷茫和焦虑。最常听到最多的一类感叹，就是"太卷了"。

前几年，一个老板曾在饭桌上向我感叹："我们做鲜奶的，太'卷'了。"以前只要是正经牛奶，哪怕你包装都不设计，都能卖出去不少。后来产能上去了，人们到处都能买到盒装奶，这个行业就开始"卷"起来了：你的是奶牛，我的是娟姗牛；你的是有机奶，我的是草饲奶……纯牛奶行业硬是从牛种、饲养到加工一路"卷"到底，"卷"到黑，"卷"到大家都不知道还能"卷"什么了。可是，大家能停手不"卷"吗？不能。概念还得接着想，品类还得接着细分。否则，就只能被同质化困死。

那么，在产品上"卷"出了头，做出了一点差异化，就能活下来了吗？

也很难。

坐在对面的另一个老板也叹了一口气："我们做茶饮的，这两年也挺难的。"以前，茶饮行业的产品一直在创新，挺能"卷"的，所以毛利率还行，一直在盈利。但这两年不一样了，茶饮行业竞争越来越激烈，不仅体现在更新越来越快的产品迭代上，还体现在愈演愈烈的价格战上。"卷"产品是有尽头的，因为产品本身的技术壁垒相对不高，容易被模仿。尤其现在供应链这么成熟，这家今天有一款新品爆了，别家下个星期一就能跟进同款，概念玩得更花，名字起得更好听。但是，竞争是没有尽头的，产品"卷"完，只能"卷"价格。以前一杯至少30元，现在一边整体降价，一边还要推10元以下的产品系列。一年下来，再看财报，毛利率已经非常低了。以前野蛮生长的增长曲线，现在是很难再看到了，经常看到的都是谁谁谁在裁员关店，谁谁谁在降本增效。你说，"卷"到这一步，接下来还能往哪儿"卷"？能"卷"的地方都"卷"了，以前的很多红利也都见顶了，剩下的只有一群前所未有的冷静的消费者。

这个问题，与其说是一个问题，不如说是一种情绪。然而最近，这种焦虑又茫然的情绪有了转机。

不知道你有没有发现，一个变化在今年夏天已经悄悄地将你包围，即多巴胺营销。

也许你不一定点开过前段时间刷屏的带着"多巴胺穿搭"标签的短视频，但今天你去星巴克、瑞幸甚至很多面包店、餐厅，都能在点单时看到"多巴胺"这个关键词。

"多巴胺生咖""多巴胺茶饮""多巴胺菜单"……万物皆可多巴胺,到处都是多巴胺。"多巴胺"已经成为一个火遍全网的关键词,微信指数超过 1 亿,小红书上的相关笔记超过 400 万篇,抖音上的相关话题更是播放量超过了 100 亿次。

而伴随这个词的,通常是一系列高饱和度、明亮鲜艳的"多巴胺色",让人一看就心情愉悦。高级的莫兰迪灰、等烟雨的天青色这些颜色也很好看,但是,欣赏它们需要消耗心理能量。人们需要更明亮、更温暖的颜色,从中汲取能量,多巴胺色就是能让人快乐的颜色。鲜艳的红、明亮的黄、青翠的绿……是不是看着就很开心?是不是看着就很想买?

不管是儿童的手串,还是成年人的多巴胺色商品,它们之所以畅销,都是因为它们能"给情绪充电"。

我再给你举个例子,你就明白了。

这几年,我每年都会举办一场年度演讲。我们公司有一个小伙伴在刚进公司时说,正是因为听了我的年度演讲深有感触,所以他才决定来应聘的。

我随口问他:"那你对年度演讲的背景音乐有没有什么建议?"

他一下子愣在了原地:"什么?年度演讲还有背景

音乐?"

说完，他马上拿出手机找出演讲视频，结果发现 4 个小时的演讲居然真有背景音乐，并且是从头到尾都有。也许是因为自己"居然没注意到背景音乐"而感到不好意思，他的脸开始以肉眼可见的速度涨红。

可是，坐在他对面的那个参与了年度演讲背景音乐设计的同事却并没有因此感到失落，反而乐了。

为什么?

因为背景音乐就该如此，既不喧宾夺主，又能在不知不觉中塑造和影响人的情绪。就好像看《泰坦尼克号》，前奏一响起，你就能感觉到至死不渝的浪漫；而看《消失的她》，主旋律一响起，你的感觉又变成了死不瞑目的绝望。

颜色也一样，也能塑造和影响人的情绪。比如，你看到辣椒一样的红色，会感到血脉贲张，很热情，很兴奋；看到柠檬一样的黄色，又会感到阳光灿烂，很快乐，很有活力。

颜色的这种作用不但你能直接感受到，心理学学者们也对其进行过深入的论证。他们发现，明亮的颜色能引起人们积极的情绪联想，深沉的颜色则能引起人们消极的情绪联想。

然而，对这件事理解更深的，可能是另一拨人——消费行业的从业者。

麦当劳、汉堡王、肯德基的 Logo（标识）和店面都使用了大量刺激性强的红色，你觉得这会只是一个巧合吗？当然不是。

同样，多巴胺色在营销里的应用也不是巧合。

最初，"多巴胺色"被很多人关注是因为"多巴胺穿搭"。这个词最早出现在时尚心理学家道恩·卡伦（Dawnn Karen）所著的《穿出最好的人生》（*Dress Your Best Life*）中，有着很明确的情绪功能：通过在服装中使用明亮的颜色，来激发人们大脑中产生释放多巴胺时的愉悦、积极和治愈的感觉。

而这正精准符合很多正默默承受压力、焦虑和内耗的人们的情绪需求，为他们带来了迫切需要的情绪价值。

如今，多巴胺色在营销方面的应用已经远远超出了服装的范围。当你去买茶饮、咖啡、沙拉……时，可能都会看到多巴胺色。虽然配色各不相同，但追求的感受是相同的——愉悦、积极和治愈。

现在你明白了吧，多巴胺营销玩的不只是颜色，更是通过颜色激发出的情绪。

多巴胺营销的本质在于提供情绪价值。

什么叫情绪价值？"情绪价值 30 讲"的主理人蔡钰老

师是得到 APP 上我非常喜欢的一位老师，她说，情绪价值就是用户为了获得某种情绪和感受而愿意支付的价值。

有一次，为了尽快飞到下一个城市，我订了一个"红眼航班"，深夜起飞，凌晨落地，很辛苦，我的情绪因此有点低落。可是，航空公司给我发来的短信却让我的心情好了很多："您乘坐的这次航班是赏月航班，可以在靠窗位置欣赏迷人的月光。"虽然"赏月航班"只是一种说法，但它给我提供了情绪价值。

假如你是一个写字楼的负责人，每到上下班高峰期，大家排队等电梯都等到绝望。你尝试了各种办法鼓励大家走楼梯，但没有人愿意走，怎么办？你可以试着在每一层楼梯上贴一种"卡路里贴纸"。1 卡、2 卡、3 卡……每爬一层，人们都感觉自己掉了 1 斤肉，多爬几层就相当于中午没吃饭，心情自然会变得愉悦起来。这种卡路里贴纸就给爬楼梯提供了情绪价值。

提供情绪价值，正在成为企业重要的机遇。这是因为，人们面对的挑战越大，对情绪价值的需求也就越大。

美国心理学家怀特·坎农（Walter Cannon）提出过一个著名的心理学概念：战斗或逃跑反应（Fight-or-flight Response）。

当遇到威胁时，你是选择战斗还是逃跑？

　　别人打了你一巴掌，你转身说："你有病吧？"你很愤怒。于是，你决定"战斗"，也打了他一巴掌。但如果你转身后发现是一只老虎呢？你会愤怒吗？不会。你会撒腿就跑，因为恐惧。

　　当人类遇到威胁时，打得过，就会战斗；打不过，就会逃跑。这就是战斗或逃跑反应。但不管是战斗还是逃跑，都要消耗大量的心理能量。肾上腺素分泌后的疲劳感，让人感觉就像大病了一场。

　　今天我们经常说的"奋斗还是躺平？"，其实正是坎农所说的"战斗还是逃跑？"。

　　面对一团迷雾，面对迷雾中可能的机遇和挑战，你会选择奋斗，还是躺平？不管你选择什么，都要消耗大量的心理能量，因为身可躺，意难平。

　　每个人都在告诉我不要选择躺平。我也不想躺平。

　　哪有人爬起床就是为了躺平的？我只是想找个地方为我的情绪充电，然后继续战斗罢了。

下半场要"卷"情绪价值了

　　情绪价值是一个好东西。

　　很多人都在说"卷"得很辛苦，既要为了对抗同质化

"卷"产品，又要为了降本增效"卷"价格。而情绪价值刚好可以帮我们在"卷"产品、"卷"价格的过程中缓一口气，找到新的增长机会。

什么意思？我们一个一个来说。

第一，在"卷产品"中缓一口气。

蔡钰老师在她的得到课程中讲过，一个产品通常有资产价值、功能价值和情绪价值三种价值。资产价值基本靠产品的先天属性，比如，一个人买黄金，图的是它明天可能还会升值，这就是资产价值。功能价值，顾名思义，就是一个产品具备的功能。比如，一个人买奶茶，图的是它解渴、好喝，这些都是功能价值。而情绪价值跟这两种价值都不一样，比如，一个人买泡泡玛特的盲盒，图的是打开它前的好奇、打开它时的紧张、打开它后的惊喜，这些就是情绪价值。

现在，想要获得增长，这三种价值该"卷"哪个？

"卷"资产价值？很多时候靠"卷"是卷不来资产价值的，尤其是消费品。

"卷"功能价值？其实，你已经在"卷"功能价值了。做牛奶"卷"牛种、做奶茶"卷"供应链，"卷"的就是功能价值，"卷"的就是把它做得更好，比你的竞争对手都好。

可是，只在功能价值方面"卷"，空间很有限，"卷"到后来，往往不过是再次陷入"大家都很累、大家都还差不多"的同质化窘境。

怎么打破这样的窘境呢？

开启"卷"的下半场——"卷"情绪价值。

奶牛可能就那么几十头，渠道可能就那么几百家，但人的情绪却千人千面、千变万化，没有上限。而这，就是你做产品差异化的空间。

去挖掘消费者的情绪需求，用不同方式为你的产品注入更多情绪价值，就是突破同质化、走出"卷"产品僵局的新的机会点。

比如，用多巴胺色把你的奶茶外包装设计得让人一见就觉得很开心、很治愈。

第二，在"卷价格"中缓一口气。

很多人都在"卷"价格，在上一条新闻里，大家还清一色地卖 30 多元，再一次看新闻，大家已经在推 9 元的产品系列了。

价格越来越低，利润越来越薄，对自己的降本增效措施也越来越狠。怎么打破这样的死循环？

这是一个好问题。这个问题不是没人解过，比如，你还记得 2022 年的两条新闻吗？定价 198 元的冰墩墩毛绒玩具被炒到 2000 元，溢价超 9 倍；定价 219 元的圣诞款玲娜贝儿玩偶被卖到约 3000 元一只，溢价近 13 倍。

为什么都是卖产品，有的只能越"卷"价格越低，有的却能溢价 10 倍左右还被排着队预约抢购？

资产价值方面，大家都是消费品，长期来看不会相差太多。功能价值方面，也没看到什么办法，明明已经没有什么可"卷"的空间了。今天，你卖奶茶，对手也卖奶茶；你主打榴梿，对手也主打榴梿；你降价，对手也降价。然后，你和对手的财报里利润率都越来越低，门店都越关越少。

但竞争还在继续，消费者还在做选择，你还得咬牙撑住，接着"卷"。可是接下来，还能往哪里"卷"？答案是情绪价值。

冰墩墩和玲娜贝儿之所以能溢价 10 倍左右，肯定不是因为它的功能比其他竞品强 10 倍，而是因为它能让人更开心，甚至更有优越感。部分消费者是愿意为了一份良好感受付出真金白银的。而且，因为对良好感受的需求没有上限，人们不但愿意支付，而且还愿意重复购买。

这就是为什么蔡钰老师说情绪价值可以给产品带来更高的溢价和复购率。

现在，回到你的行业：你正在为哪种价值而"卷"？

　　你能不能更精准地洞察消费者当下更迫切的情绪需求，并且通过多巴胺色或者其他手段为你的产品注入一份情绪价值？

　　你能不能让你的产品与消费者产生情绪上的共鸣，让他们在下单时相信自己能同时收获到一杯好奶茶外加一份好情绪？

　　为你的产品注入情绪价值，你才能跳出"卷"产品、"卷"价格的困局，获得更多溢价空间和可能性。

万物皆可疗愈，增长由此而生

　　具体来说，如何抓住情绪价值带来的增长机遇呢？

　　至少有三个方向你可以尝试：提供疗愈价值、提供陪伴价值和提供优越价值。

　　我们先来说说疗愈价值。

　　我有个公众号叫"刘润"，每天都会发一篇商业洞察或者管理案例，已经坚持日更 2000 多天。有同学问我："这些文章很有启发性，都是你坐在办公室里'顿悟'出来的吗？"

　　当然不是。你坐在家里看冰激凌的照片，是永远"顿悟"不出冰激凌的味道的。

每个人都需要『我和别人不一样』的优越感

提供情绪价值，正在成为

企业重要的机遇

每年我都要陪同一些企业家学员走访和调研很多企业，我把这称为"问道中国"。只有亲眼看到一家企业的运作，甚至和创始人亲自对谈，你才会恍然大悟"原来如此"，或者拍大腿感叹"还可以这样"。

华大基因、哔哩哔哩、青岛啤酒、顺丰集团……都是我们走访过的企业。感谢这些企业，尤其是其中很多企业的创始人愿意亲自与我们对谈，比如新东方的俞敏洪、华住的季琦、理想汽车的李想、泡泡玛特的王宁。

2023年4月，我陪同20多位企业家参访泡泡玛特总部，这次调研给了我和所有同行企业家很深的触动。

泡泡玛特是一家很神奇的公司。2010年，第一家泡泡玛特在北京中关村一家商场的地下一层开业。起初，泡泡玛特只是一个不起眼的潮流杂货渠道品牌，不被投资机构看好，在2017年之前，泡泡玛特的单笔融资最多不过3000万元，最少只有200万元。有投资人在听完王宁的梦想后，嗤之以鼻嘲笑道："如果真如你所说，这么千载难逢的机会怎么会轮到你呢？"因为屡次融资不顺，泡泡玛特在很长一段时间里命悬一线。最惨的时候，公司账上趴着不到10万元，连员工工资都发不出。但经过十余年发展后，泡泡玛特于2020年12月11日在香港上市，成为"潮玩第一股"。截至2022年12月31日，泡泡玛特在中国内

地的线下门店达到 329 家，机器人商店达到 2067 台；在港
澳台地区及海外的门店达到 43 家，机器人商店 120 台。在
潮玩市场上，泡泡玛特是中国最大、增长最快的公司。关
于泡泡玛特团队，关于王宁，我们有太多的好奇。

带着满腹的好奇，我问创始人王宁："用户到底为什么
会一直买你们的玩偶？"王宁说，因为情绪价值。

泡泡玛特有一种玩偶叫 Molly，王宁形容 Molly 的表
情是"面无表情"。当你涨工资了，兴高采烈地回到家时，
打开门看到 Molly，你会把自己的开心投射到 Molly 身上，
你会觉得她也会为你高兴。当你被客户骂了，心情沮丧时，
打开门看到 Molly，你会觉得她也会陪着你一起难过。这
在心理学上叫"投射效应"。因为面无表情，Molly 能够永
远与你共情，使你得到疗愈。

成年人的世界都是劫后余生。走出家门，勇敢战斗，
回到家中，疗愈伤口。

王宁说："很多人买 Molly 就是因为她的情绪价值。"

我问："那你们有没有想过让 Molly 有点功能价值？比
如说，做成一个 U 盘呢？"

王宁看着无可救药的我，说："用户会买几个 U 盘？
一个。因为你只需要一个 U 盘。功能价值一旦被满足，用
户就会停止购买。而我们的用户可能会买很多各种各样的

Molly，这恰恰是因为 Molly 没有任何功能。她们只是单纯地喜欢和享受与 Molly 在一起的情绪。"

有用，是功能；喜欢，是情绪。

2023 年上半年，王宁的泡泡玛特实现营收 28.14 亿元，利润超过 2022 年全年。[一]

真好。可是，不是只有小姑娘才需要疗愈，创业者们也需要，我也需要。我们也给创业者们做个"专属玩偶"，帮他们疗愈疗愈吧。

于是，我们团队一起花了大半年的时间做了"达尔文雀"。

当年，达尔文在加拉帕戈斯群岛发现了达尔文雀，这种雀的进化现象启发了他，使他在 1859 年出版了旷世巨著《物种起源》。在这本书里，他提出了著名的"进化论"：在虫子多的岛上，喙部是直的雀更适合生存；在浆果多的岛上，喙部是弯的雀更适合生存。反之，就会处于劣势，甚至灭绝。这就是"物竞天择，适者生存"。因此，这种雀也被叫作"达尔文雀"。我们在这只"达尔文雀"上做了三种喙，一种代表强壮，一种代表聪明，还有一种代表适合。我们一起设计，几易其稿，最后纯手

⊖ 腾讯网. 泡泡玛特上半年财报：Molly "老矣"，出海 "快跑" [EB/OL]. （2023-08-23）[2023-11-08].https://new.qq.com/rain/a/20230822A095PN00.

工做出了 200 多只"达尔文雀",赠送给年度演讲的到场嘉宾们。祝他们在未来的每一天里都能感受到进化的力量,无论遇到什么样的困难,都能使用其中一种能力成功进化。

除了买玩偶,还有什么办法能疗愈人们的情绪内耗呢?你还可以试试养宠物。

我们办公室里很多同事都养了猫。我很喜欢同事养猫,因为当她们工作无精打采时,你只要问"你们家猫最近怎么样啦?",她们就会立刻两眼放光、神采飞扬,给你看照片。

猫为什么有疗愈价值呢?因为它能促进催产素的释放。

催产素也被称为"爱的荷尔蒙"。很多男生说自己不喜欢孩子,可当他第一次把自己的孩子抱在怀里的那一瞬间,一种强烈的情绪就会从心底涌出:这辈子,为你做任何事情我都愿意。而猫经过数万年的进化长出了婴儿一样的萌态,人们一看到猫"萌化了的样子"就会释放大量催产素,忍不住地喜欢它们,而自己也因此变得神采飞扬。

你的神采飞扬,其实是母性的光辉。这种光辉让人们愿意为宠物做很多事。

春颖是"云宠宝"的品牌主理人,云宠宝是一个一站式宠物生活服务平台，为宠物提供各种你想得到和想不到的服务。

比如基因检测。猫有近 20% 的概率会得肥厚性心脏病。这是一种基因疾病，猫得了这种病就会咳嗽、呼吸不畅，严重时甚至会危及生命。有些人担心自己的猫会患这种病，就会给它做基因检测。春颖说，每年有上万人为宠物做基因检测。

还有人担心宠物已经生了病而自己却不知道，于是，就会给宠物定期做体检。宠物的体检和人一样，血生化、血常规、B 超……什么都有。每年都有很多宠物通过 B 超查出脂肪肝。

真的查出毛病，宠物主一定会给自己的宠物治疗，这样一来就需要花很多钱。于是，很多宠物主选择为宠物买医疗保险。据云宠宝统计，狗狗中买保险最多的是"比熊"，猫咪中买保险最多的是"英短"，而理赔最多的是"肠胃炎"。

这真的是难以想象。现在的人宠关系不仅是互相陪伴，更是如亲人一般。甚至，在没有孩子前，宠物就是很多人的"第一胎"。

不要以为你是在做猫狗的生意，其实你是在做情绪价值的生意，在做疗愈经济的生意。

营造温暖陪伴的体验，留住人心

陪伴价值也是一种重要的情绪价值。

什么是陪伴价值？陪伴价值就是我不在乎你做什么，我只在乎你在不在。

假如你是珠宝首饰行业的一个创业者，看到智能时代在崛起，想做"智能首饰"，比如智能手链，请问：睡眠监测、心率报警、微信提醒这几个功能，你觉得哪一个最应该被放进手链中？

王洁明说："一个都不要放进去。"

王洁明从 2015 年开始创业做智能首饰，他的公司叫 totwoo。他说，这些功能一个都不要放进首饰中，智能首饰不是"把智能手环套进首饰的外壳"。

首饰的本质是情绪价值。不管是戒指、项链还是耳环，它们本身都没有功能价值。人们戴戒指，不是因为它能取下来拧螺丝，而是因为它好看，因为它是爱情的象征。

而智能手环的本质是功能价值。睡眠监测、心率报警、微信提醒都是智能手环应该提供的功能。

智能手环和智能首饰就像水和油，互不兼容。

那怎么做智能首饰呢？要用智能来提升首饰的情绪价值，而不是增加首饰的功能价值。

　　于是，王洁明做了一款叫作"心有灵犀"的智能手链。这款智能手链是情侣手链，男款是太阳图案，女款是月亮图案。这款手链的智能之处在于手链里加了一个触觉传感器。

　　这个触觉传感器能让情侣"心有灵犀"，随时随地一点即通。比如，你正在办公室上班，突然想她了，怎么办？触摸一下这个太阳手链，你远在千里之外的女朋友就会看到手链上的月亮亮了起来，并且振动了一下。于是，她就知道你想她了。她也触摸了一下自己的手链，你的手链也亮了，也振动了一下。你就知道这是她在回应你。

　　很多人会觉得不以为然：这有什么意义啊？不能加个聊天的功能吗？这个问题很有意思，但是我们要的真是"聊天"这个功能吗？不，我们要的是"陪伴"这种情绪价值。想对方的时候知道对方也在想你，这就是这款智能手链存在的意义。

　　我问王洁明：这款智能手链卖多少钱？真有人买吗？

　　"当然有。"他说，"我们主要在美国市场销售这款手链，卖149美元，折合人民币差不多1000元，不算便宜，但卖得非常好。"totwoo在2021年1月"出海"，当年9月，这款手链就进入了谷歌购物的"全美手链畅销榜"前十名。

　　你看，这就是陪伴的价值。

优越价值正在生长

正在生长的情绪价值，还有优越价值。

有人会问："这个优越价值有点奇怪。提供优越价值就是满足人的优越感吗？那不就是满足虚荣心吗？优越价值到底是什么？看懂它对我有什么用？"

举个例子，过去几年，很多行业都在"过冬"，但奢侈品行业是个例外。LV、香奈儿、爱马仕等奢侈品品牌不但没有降价，还纷纷涨价，而且涨价并没有影响到销售量。

奢侈品做对了什么？为什么能在这几年不景气的大环境下仍然卖得这么好？难道是因为奢侈品品牌的包更耐磨、更防水、更能装吗？

当然不是。

耐磨、防水、能装都是功能价值。但奢侈品品牌的包除了能提供功能价值外，还能提供情绪价值。因为奢侈，所以小众，人们一旦背上这些品牌的包，就会感受到"我有，你没有"的小骄傲。这种"我有，你没有"的情绪价值，就叫优越感。

听起来，是挺骄傲的。可是，这难道不是一种炫耀吗？炫耀"我有，你没有"，秀优越感，算什么价值？

别小看了炫耀。

一个国家怎么能在不真的打仗的情况下赢得他国尊重？炫耀，亮出武器。谁的武器更先进，谁开展合作就更有优势。

一群人里怎么一眼看出谁是首领？炫耀，戴上皇冠。谁头戴皇冠，谁说了算。

你发现了吗？炫耀并不只是意味着虚荣，还是一种很实际的生存策略，可以帮助个体或群体用更低的成本达到目的，用更高的效率赢得认可。

原来，优越价值不只是能满足虚荣心，还是这么实际的一种情绪价值。

怪不得，著名心理学家阿尔弗雷德·阿德勒（Alfred Adler）在他的巅峰之作《自卑与超越》里说："人的总目标是追求'优越性'。"

每个人都需要有自己独特的优越感，这种优越感不一定是钱，也不一定是社会地位。你可能不聪明，但是在勤奋上这件事上做得比别人好，你就会觉得挺值得骄傲的；你不会写程序，但是打羽毛球整条街没有对手，你也会产生一种优越感；你创业失败三次，但是在对得起员工这件事上问心无愧，这也是一种自豪。

每个人都会遇到挫折，每每这时，人们都需要一些信念的支撑，比如，"至少在这个方面我还是挺厉害的""至少这样东西是我有而别人没有的""至少我和他们不一样"。在这些信念的支撑下，人们才能愉快地生活下去，并最终走出挫折。

这就是"优越感"的情绪价值。

那么，如何为用户提供优越价值，提供这种小骄傲、小自豪呢？或许，我们可以从时尚行业，尤其是奢侈品行业，借鉴一些思路。

为此，我请教了一位朋友，他给我推荐了《时尚的哲学》。这篇文章出自时尚理论大师格齐奥尔格·西美尔（Georg Simmel），发表于 1904 年，至今已流传百年，仍被奉为经典。读完这篇文章后，我很受启发，也在此为你梳理一下其中的观点。

文章大概的意思是：时尚之所以能存在和发展，其实是基于我们心中的两种欲望。第一种欲望叫"和别人一样"，这样我们就能在集体中获得安全感。第二种欲望叫"和别人不一样"，这样就能炫耀自己，提升竞争力。

这两种欲望也是两种基于人性的刚需。你的产品和服务能越大程度地满足这两种欲望，就能越大程度地提供优越价值。

先看第一种需求：和别人一样。

什么是"和别人一样"？就是"别人有，我也要有"——别人有苹果手机，我也要有，哪怕分期；贵妇在用什么包，我也要有，哪怕贷款；现在流行多巴胺穿搭，我也要有，无论适不适合我。通过模仿，做到和别人一样。

为什么要模仿、要一样？为了满足虚荣心，为了赶潮流。为什么要赶潮流？为了生存。只要我"和别人一样"，我就能被集体识别为自己人，被接纳，避免可能会出现的排挤，就能拿到更多资源，获得更大生存概率。

模仿从表面上看是为了满足虚荣心，而本质上是为了获得安全感。

怎么满足这种"和别人一样"的需求、这种安全感？怎么让产品能为用户提供这种情绪价值？奢侈品行业在这方面最擅长——请明星代言，宣传同款；拍广告大片，四处投放；办时装秀，提高品牌的曝光度。

请代言、拍广告、办时装秀等从本质上来说都是创造潮流，让消费者看到和相信别人是什么样，然后为了"和别人一样"而去模仿、购买，销售由此提升，时尚行业因此获得了源源不断的增长动力。

可是，这样做也会带来一个问题：如果被模仿得太多，"烂大街"了，买的人就会越来越少。

的确是这样。但是，我们还可以靠另一种需求拉动增长："和别人不一样"。

　　对于"和别人不一样"，奢侈品行业也做了很多经典示范。

　　比如，为不同的顾客提供不同的服务。普通顾客只能在门店自己逛，VIP 顾客可以进专属的 VIP 会员室，SVIP 顾客更是有一整个团队上门服务。

　　有一次，腾讯的同学告诉我，在微信的"生意场"里有一家做高级服装定制的公司叫"量品"，这家公司几乎运用了微信里的每一项工具，就是为了给用户提供"和别人不一样"的优越感。

　　量品的创始人叫虞黎达，他说商场里衣服那么多，总能买到合身的，用户为什么还要定制？因为就是想和别人不一样。用户认为自己的西装更合身、自己的 POLO 衫没有 Logo、自己的衬衫袖口有自己的名字都是值得骄傲的事情。穿着这样的衣服出去，即使别人没有注意到，他们自己也知道"我和别人不一样"。

　　虞黎达说，他的工作就是要找到这群用户，并且为他们提供优越感。

　　于是，虞黎达在朋友圈投了一波广告，找到了第一批需要这种优越感的种子用户，然后派着装顾问上门服务。

　　着装顾问的工作不仅仅是为客户测量身体的各项尺寸，更是要努力成为客户的私人着装顾问。她们会告诉客户在什么场合穿什么西装，皮带怎么搭配不会出错，怎么穿才显得尊重客户……客户听完收获很大，就会想加她们的微信，方便以后向她们咨询。就这样，量品通过企业微信加了3万多名种子用户，为他们提供定制的优越感。

量品一直坚持更新自己的公众号和视频号，用户（客户）的浏览量和点赞量增长很快。着装顾问会把点赞最多的新款搭配发给客户，慢慢地，客户开始觉得自己也是一个懂服装搭配的人了，心里就产生了"和别人不一样"的小骄傲。所以，在穿着定制服装参加盛大活动的时候，客户会忍不住在朋友圈分享。当朋友好奇地问她的衣服是在哪里买的时，她就会把量品的小程序推荐给对方。因为，分享好东西也会产生一种优越感。

腾讯的同学告诉我，量品定制现在有100多万名用户，年营收超过2亿元。

再比如，为不同的顾客提供不同的产品。爱马仕的铂金包有钱也不能直接买，必须先买够一定金额的其他产品，才能获得购买资格。衣服也分成衣和高级定制，成衣是流水线批量制作，高级定制则动辄出动一整个团队，花费上千个工时，纯手工缝制。甚至，连成衣都要分出三六九等，有秀场款、当季新款、过季老款，还有奥特莱斯款。

除此之外，还可以为不同的顾客提供不同的价格、不同的稀缺感、不同的渠道……因为顾客有区分，所以才能通过提供不一样的产品和服务，提供"我和你不一样"的优越感。

同时，也因为顾客有区分，才能既确保刺激大众消费、扩大产业规模，又避免整个品牌"烂大街"，保住金字塔尖的客户。

这就是满足"和别人不一样"的需求。

奢侈品的区分做法，从本质上来说，就是为了满足"和别人不一样"的人性刚需。背后除了有功能价值，还有"我和你不一样"的优越价值。这种做法并不只限于奢侈品行业，还可以用于其他行业。

比如游戏行业。杰西·谢尔（Jesse Schell）在《游戏设计艺术》一书中写道："确定在某件事情上谁最优秀，是人的基本冲动。"这就是对优越价值的洞察。希望自己"和别人不一样"，是人性刚需。游戏设计中的排位赛制、各级段位、限量皮肤……都是为了有所区分，让用户为了优越感而战，为用户提供"我有，你没有"的优越价值。这就是对优越价值的运用。

你的产品和服务有没有可能在功能价值之外为消费者提供这样的优越价值呢？

越是内卷、同质化的时候，越要记住：除了功能价值，你还可以从情绪价值的维度在竞争中突围。

:: :: ::

每个人都需要一点点情绪价值。尤其是当遇到挫折或挑战的时候，我们需要情绪价值的满足让自己快乐起来。

生活从来都不容易。我们还不能想办法让自己快乐起来吗？

这个世界从我们身上拿走的能量越多，我们需要补充的就越多。我们对情绪价值的需求就会不断增长。

这就是情绪价值的机遇所在。

祝愿你的产品或服务能提供澎湃的情绪价值。

当然，除了正在生长的情绪价值，还有另一个线索不能忽视，那就是智能涌现。

第 5 章

智能涌现

人工智能，用更少的人做更多的事

"……待斜阳，浅吟低唱。别忘记我们，永远少年的模样。"在2023年度演讲的现场，我播放了这首歌。这首歌很特别，它是音乐设计老师飞羽作的曲、我作的词。但这还不是最特别的地方。

我有很多缺点，就像天上的星星一样多，而其中最为明显的一个缺点就是不会唱歌，我常戏称自己"五音缺六音"。可是，我很想为你们唱一首歌，怎么办？

人工智能公司你好世界（Hello World）的创始人吴德堪为我解决了这个难题，他用我的音频资料训练了一个数字分身，然后教这个数字分身学会了唱歌。

人工智能时代真的来了。

如果说2023年科技界、商业界有什么最重大的事件，那一定是人工智能。

人工智能开始画画。游戏设计师杰森·艾伦（Jason

Allen）用人工智能画了一幅画，命名为《太空歌剧院》，并报名参加了美国科罗拉多州博览会（Colorado State Fair）举办的艺术比赛。没想到，这幅画获得了数字艺术类别的冠军。人类艺术家无比愤怒，表示：我们正在目睹艺术的死亡。其实，早在 19 世纪 30 年代相机问世时，人们也曾进行过类似的争论。代表着效率的相机给纯手工的绘画带来了巨大的冲击，法国知名艺术家 H. 保罗·德拉罗什（Hippolyte-Paul Delaroche）因此发出悲叹："绘画已死！"但随着相机的广泛普及，摄影作品作为一种艺术品的观念逐渐被大众所接受。因此，有相当一部分网友为艾伦的作品辩护："请问反对人工智能艺术的人，难道摄影作品不是艺术吗？"

人工智能开始摄影。德国摄影师鲍里斯·埃尔达格森（Boris Eldagsen）有 30 年摄影经验，但他的作品从未获奖。然而，2023 年，他用人工智能创作的一幅作品《虚假记忆：电工》却获得了国际摄影界最有影响力的奖项之一——索尼世界摄影奖（SWPA）的创意类别优胜奖。他说，他只是想测试一下评委们是否能识别出人工智能作品，但是，尽管评委们都很专业而且经验丰富，却没能识别出这样的"照片"。

人工智能开始写剧本。2023 年 2 月，人工智能开始探索为好莱坞创作剧本的可能性。2023 年 5 月，好莱坞编剧大罢工，写人工智能科幻剧的编剧抵御人工智能的入侵。这个情节反手就被人工智能编剧写进了最新的剧集中。

人工智能开始看病。有一个 4 岁的小男孩身患怪病，看了许多医生都没找出病因。他的妈妈求助在 2023 年突然爆火的 ChatGPT，ChatGPT 根据妈妈对孩子症状的描述和检查报告的分析给出了诊断结果：脊髓栓系综合征（TCS）。他的妈妈一开始不敢轻易相信 ChatGPT 的诊断，于是加入了一个脊髓栓系综合征患儿家长的交流群，看到群里家长的交流讨论之后，她感觉大家所描述的症状和自己儿子的一模一样。于是，她找到神经外科医生，医生证实了 ChatGPT 的诊断。经过治疗，小男孩很快就痊愈了。虽然 ChatGPT 不是每次都对，但这一次确实帮了大忙。

2023 年，人工智能突然井喷，开始从各种你能想到和想不到的角度，进入我们熟悉的商业世界，并把它变得不再让我们熟悉。

已经存在了这么多年的人工智能，仿佛在一夜之间长大。昨天，它还是一个嗷嗷待哺的婴儿；今天，它就突然毕业进入社会了。为什么会这样？

这涉及一个概念——"连接主义"（Connectionism）。

要理解这一概念，我们要先从"人工"到底为什么能突然创造出"智能"开始讲起。这部分有点"硬核",但这对你正确理解人工智能并找到背后的商业机遇非常重要。

你首先要知道人类为什么会有智能。

人的大脑表面是沟壑纵横的大脑皮层,大脑皮层展开后相当于一张桌布那么大。人类大脑有大约 860 亿个神经元,这些神经元分布最密集的地方就是这张"桌布"。当你在书中看到一个观点时,你的大脑中的某些神经元就会"生长"出一些"触手",和别的神经元连在一起。每个神经元最多可以长出 10 000 个左右的"触手"。你学得越多,记得越多,思考得越多,长出的"触手"就越多、越强。最后,这些神经元会在你的大脑中形成一张密密麻麻的神经网络,你的智能就来自这张神经网络里的"连接"。

理解这一点,对你理解人工智能很有帮助,因为今天的人工智能就是在"模仿"这张神经网络。

在人工智能诞生的早期,出现了"逻辑主义"(Logicism)和"连接主义"两种发展流派。在很长一段时间里,人工智能的发展走的是逻辑主义路线。坚持逻辑主义的人们认为,人类的智能可能来自逻辑推理,如果把所有信息抽象成

㊀ 科技日报. 大脑神经元连接协调恰似"交响乐"[EB/OL]. (2022-11-04)[2023-11-09].http://www.news.cn/science/2022-11/04/c_1310673223.htm.

符号，认知的过程就是通过逻辑规则来操作符号的过程，因此，他们主张用公式、规则等公理和逻辑体系来搭建一套人工智能系统。比如，你想学习一门语言，就得知道语法规则。"主语 + 谓语 + 宾语"就是一种句子的公式、规则。"我（主语）想要（谓语）吃饭（宾语）"就符合这种规则。过去的人工智能就是像这样通过学习各种各样的规则和逻辑来学习语言的。人们甚至认为，只要让计算机了解和执行人类所有的思考规则，就可以模拟和呈现出人类的思考过程。

但是你想想，语言是一门多么微妙、复杂、富有情感的艺术。女朋友的一个"嗯"字，背后可能有八万四千种情绪。规则怎么可能涵盖所有可能性？逻辑怎么可能没有漏洞？而且，你回想一下，你真的是这样学习语言的吗？真的是先学习语法的吗？不是的。在学习语法之前，你就已经学会说话了。我们是在一个环境里，跟着妈妈咿咿呀呀，跟着爸爸叽叽喳喳，看着看着，听着听着，自然就会说了。

这个"自然就会说了"，其实是因为人脑中的神经元在不断连接。刺激越多，连接也就越多，人脑就这样习得了知识，涌现出了智慧。这正是坚持连接主义流派的观点。他们认为，人类的智能不完全来自逻辑推理，还有很多感性和不可解释的部分，所以应该模仿大脑的神经网络结构，当神经元之间的连接多到一定程度时，说不定就能产生智能。

于是，科学家在计算机的"大脑"里构建了很多"节点"，并在节点之间也建立了很多"连接"，这些连接的强度就叫作"参数"。科学家尝试用这个结构创造"人工"的智能，这个结构就是我们常说的"模型"。

但是，最初模仿人类大脑的"模型"并没有表现出明显的智能。会不会是因为连接太少了？前面提到过，人脑有约 860 亿个神经元，每个神经元能有约 10 000 个连接，而 20 世纪 80 年代，人工智能模型的连接数量，也就是参数量，只有 60 000 个。相比来说，后者实在是太少了，于是，科学家开始努力提高模型的参数量。

2012 年，AlexNet 模型把参数量提高到 6000 万个。2014 年，VGG16 模型把参数量进一步提高到 1.38 亿个。2018 年，BERT 模型使参数量发展到 3.4 亿个。2019 年，GPT-2 模型的参数量继续提升，达到了 15 亿个。但是，依然没有看到明显的希望。

近年来，随着信息的爆炸式增长和计算机算力的提升，能用来投喂训练的认知信息剧增，终于迎来了连接主义成果的爆发。OpenAI 在 GPT-3、GPT-3.5 的模型上，一举把参数量提高到 1750 亿个！这非常"烧钱"，因为这么大的模型每训练一次就要花费 1000 多万美元。但是，神奇的事情发生了：GPT 模型突然"涌现"出了强大的智能。

什么是涌现？

你有没有见过成群的鸟儿在天上飞？当鸟儿的数量足够多的时候，就会呈现出一些非常整齐而优美的队形。鸟儿的数量越多，队形越优美，就像有只"聪明的鸟"在指挥。其实，并没有什么"聪明的鸟"，每只鸟都只是按照同一个规则在飞行，那就是跟紧前面的鸟并保持距离，但整体上却呈现出了优美的队形。这种局部的交互产生全局的智能的现象就叫涌现。

为什么数量足够大就会"涌现"出智能呢？鸟儿不知道。创造出 ChatGPT 的 OpenAI 也不知道。OpenAI 的创始人山姆·奥特曼（Sam Altman）在一次演讲中说，模型大了，有时会出现一些令人惊喜的结果，我们也不完全理解是为什么。

人类创造出了一个很有用但自己"不完全理解"的东西。所以，当人工智能偶尔产生"幻觉"甚至"一本正经地胡说八道"时，人类也是一头雾水，同样"不完全理解"是为什么。

不过，虽然不理解，但人们依然相信这是人类历史上一次难得的商业机遇。

英伟达创始人黄仁勋说，我们正处于人工智能的"iPhone 时刻"。微软创始人比尔·盖茨（Bill Gates）说，人工智能的历史意义不亚于"PC 或互联网诞生"。谷歌 CEO 桑达尔·皮查伊（Sundar Pichai）说，人工智能将成为我们一生中看到的最重大的技术变革。腾讯创始人马化腾说，这是几百年不遇的、类似发明电的工业革命一样的机遇。软银资本创始人孙正义说，计算机比所有人类智慧的总和还要聪明 1 万倍。

过去 10 年，我们经历了很多科技变革，比如 3D 打印、区块链、元宇宙，但从来没有见过这么多人同时站出来说这次不一样，这次真的会改变世界。

这到底是为什么？

这是因为，这次人工智能革命触及了商业世界的一个最底层逻辑——提高生产率。换句话说，就是它能让用更少的人做更多的事成为现实。

人工智能的运行程序是程序员写出来的，但程序员的工作也正在被人工智能改变。你写的代码，人工智能可以帮你审查。比如，你刚写了几行代码，DeepCode 发现不够好就会提示你"这个 GetTime 函数用得不好，用 Now 函数更合适"。这至少能够节省程序员 50% 的审查时间，相当于 1 个人做 2 个人的事。

其他岗位也是如此。假如你是一个营销总监，因为生产出了问题，你们公司的商品缺货了，你需要给大客户写一封邮件进行解释。以前，你可能需要绞尽脑汁想半天，但现在，你只要对 ChatGPT 说明你的需求——"请帮我给客户写一封邮件，表示暂时没货了，很抱歉，下周一定出货。尽量表现出尊重的态度。用英文写。500 字以内"，ChatGPT 就会在几秒钟之内帮你写出一封信，首先表示感谢，然后表达歉意，接着给出发货时间，最后再次表示抱歉和感谢。你只要把客户的邮箱信息填好，就可以把这封邮件发给客户了。

给每家门店备多少货，才既不会脱销，也不会积压？这是一道数学题。现在，你只需要把历史数据给 DataRobot，它就会自动预测每家门店的最佳库存量。原来要花几周时间来计算的事，现在一个下午就能做完，而且还更准确。很多门店因此节省了大量的时间。

为什么很多公司的报告禁止用 PPT？因为设计和排版太费时间了。但现在，你只要对 Beautiful.ai 说"引用一句爱因斯坦关于宇宙的名言"，它就会瞬间给你一张不错的 PPT，你不需要设计和排版，直接拿来用就可以。你做 PPT 的时间因此大大缩减。

2023 年 5 月，布鲁金斯学会发布《人工智能推动生产力飞速提升》报告，报告指出大语言模型如 ChatGPT 等正成为强大的工具，不仅提高了工作人员的生产力，还加快了创新的速度，为经济增长奠定了基础。这份报告还预估

人工智能将把人类的总体生产率提高 18%。[⊖]

用更少的人做更多的事，人类的生产率因此大幅度提高。这就是人工智能被如此看好的原因。

可是，提高生产率有这么重要吗？值得大家这么疯狂吗？

当然值得。

在"人口老化"一章，我们讲过提高生育率的重要性，它能增加劳动人口，降低人口抚养比。不过，不管怎么鼓励，生育率提高的空间都是有限的。劳动人口减少这个趋势，在整个 21 世纪都是只能减速，无法逆转的。

那怎么办？

还有另一条路可以走，那就是提高生产率。

关于生产率，我们可以先看一个公式：

$$总财富 = 劳动力总量 \times 生产率$$

一个社会能创造的总财富等于劳动力总量乘以每人所创造的财富，其中，"每人所创造的财富"就是生产率。如果有 8 个人，每人每天能做 9 个馒头，那么，8 人一天总共能做 72 个馒头。其中，"每人每天做 9 个馒头"就是生

⊖ 全球技术地图. 人工智能推动生产力飞速提升 [EB/OL].（2023-06-08）[2023-11-12].https://www.sohu.com/a/683405095_120319119.

产率。麦肯锡在 2015 年发布的一份报告显示，全球生产率每年增长 1.8%。你不要小看这 1.8%，这个数据相当于如果 50 年前一个人每天可以做 10 个馒头，现在可以做 24 个馒头了。而多出来的馒头不仅可以让饥饿的人有食物吃，让弱势者得到生存的空间，还可以用来支持人们向外探索星空宇宙、向内探求文艺创作，这就是生产力进化的力量。

那怎么提高劳动生产率？几乎只能依靠一个东西：科技。科技能让我们用更少的人做更多的事，用更少的劳动人口养更多的人。只有这样，才能对冲生育率下降所带来的压力。只有生产率，才能救生育率。

所以，未来所有重大的机会，都藏在"生产率"这三个字里。而人工智能就是一项能全面提高生产率的科技。

于是，很多人问：人工智能会不会取代人类？这个问题太大了，我也没有这个资格做出判断。我只希望能够帮你通过人工智能这条线索更早看清商业世界即将发生的变化，然后抓住机遇。

让"智能副驾"为人类指路

我们应该如何抓住人工智能带来的机会呢？

找到一个人工智能"副驾驶"，提高你所在行业的生产率。

　　比如医疗行业。

　　过去这些年，中国医疗改革取得了巨大的进展，但医生短缺问题依然比较严重。根据国家卫生健康委发布的《2021 年我国卫生健康事业发展统计公报》，中国平均每1000 名居民仅拥有 3.04 名执业（助理）医师。$^{○}$医生短缺，尤其是经验丰富的医生短缺是无法回避的社会现实，乡镇医院的医疗资源当然更加紧张。而且，就算是非常厉害的医生，依然存在一定的误诊、漏诊率。

　　怎样才能尽可能降低误诊、漏诊率？有没有办法让更多人享受到高水平的医疗呢？有，给每位医生配一个"智能副驾"。

　　我在科大讯飞就看到了这样一套技术。科大讯飞的同学告诉我，他们利用人工智能对之前积累的一些优秀诊断数据进行了集中学习、分析，训练了一个医疗行业的智能副驾，叫"智能助医"。智能助医参加国家执业医师资格考试，考了 456 分（满分 600 分），考到 360 分就可以拿到执业医师资格。智能助医不仅拿到了执业医师资格，它的

○　中国政府网. 2021 年我国卫生健康事业发展统计公报 [EB/OL].（2022-07-12）[2023-11-12].https://www.gov.cn/xinwen/2022-07/12/content_5700670.htm.

分数还超过了 96.3% 的医疗专业学生和从业医生。

智能助医并不直接代替医生进行诊断，而是辅助医生做决策，比如分析病因、协助检索等。

那它是怎么发挥作用的呢？

我们举几个例子。

一天，河南郑州的一位社区医生接诊了一位患者。这位患者说自己右下腹疼痛，不恶心，不呕吐。医生看了看，问他之前有没有什么病史。患者说自己有脂肪肝，已经好多年了，平常肚子也会痛，但没有这么痛过。医生想了想，认为可能是脂肪肝，加上最近饮食不太注意，导致腹痛的程度加剧了，所以就没有太在意，打算给患者开一点护肝药和止痛药。

但是，当他把这些症状填写到智能助医界面的时候，它却提示有疑似诊断，可能是急性阑尾炎转危。医生马上紧张起来，随即点开了"急性阑尾炎"的诊断建议详情，对照查看了一下，发现这位患者有很多症状的确和这些病症很相似。以防万一，医生立刻为患者开具了阑尾 B 超、下腹部 CT 等检查。最终，结合 B 超、CT 等检查和智能助医的诊断建议，医生确认患者患有急性阑尾炎。

幸好智能助医及时发现了问题并辅助医生做出了诊断，否则，如果患者真的拿着护肝药回去吃，可能会错过最佳治疗时间，甚至会有生命危险。智能助医的及时提醒与引导帮助确诊了患者的实际病情，降低了误诊、漏诊的发生概率。

又一天，河北保定某乡卫生院的某位医生接诊了一位七旬老人。老人最近两个月出现头晕的现象，走路时头晕尤其严重，有时甚至会感到头重脚轻。医生判断这是高血压加剧，刚要确诊，智能助医提示：这有没有可能是脑梗死，也就是俗称的"中风"？同时还标有转诊提示，提醒医生留意该患者的病情。于是，医生立刻查看了智能助医关于该疾病的推荐检查，系统提示需要进行 CT 或 MRI 影像学检查来明确诊断。为了避免误诊误治，医生告诉患者乡卫生院条件有限，没有 CT 或 MRI 影像学检查设施，但因为不能排除"脑梗死"等疾病的可能，所以建议他到附近的上级医院进行相关检查，明确诊断后再给予治疗。下午报告出来了，老人果然患的是脑梗死。由于救治及时，老人恢复得很好。

这就是医疗行业"智能副驾"的作用。

说到这里，有一个问题你可能会很好奇：为什么是人工智能"副驾"，不是人工智能"主驾"？

这是因为，人工智能虽然有机会提高全球几乎每个行业的生产率，但它依然会时不时产生"幻觉"，会"一本正

经地胡说八道"。所以，人工智能可以在"副驾"的位置
上给人类指路，但方向盘一定要掌握在人类手中，以免它
开着开着突然自动加速。

科大讯飞的研发团队把智能助医送进了全国 3 万多家
医疗机构，服务了 5 万多名基层医生。智能助医只做"副
驾"，只帮忙不添乱，至今已累计辅助做出了 6 亿次诊断，
它的诊断合理率也从 70% 逐渐提升到了 90%。

医疗行业可以有"智能副驾"，咨询行业也可以有吗？

咨询服务是一个没有杠杆、天花板很低的行业。服务
的交付上限受到时间的制约，一份时间只能交付一份咨询。
业务发展的边际成本很高，每多服务一家企业，就要多投
入一份时间。

为了扩大业务规模、提高收入效率，业内想了各种
方法。

比如提高单价，就是通过筛选服务客群的方式把一份
时间卖得更贵。就像好的 1 对 1 私教辅导永远是最贵的。
但是，你能服务的人群总体依然是那么多。提高单价能提
高你的收入，却不能扩大你的规模。

再比如拓展服务对象，也就是为更多人提供服务。为
此，你的服务要从"零售"变为"批发"，从 1 对 1 的私教
辅导变为 1 对多的小班课、大班课。你可以去机构面对一

群人讲课，横向拓展服务的人群。你还可以录制课程，将它放在互联网上，把一份时间复制成无数份，大大降低多产出一份内容的边际成本。但是，这时候你就从做服务变成了做产品。规模是扩大了，但代价是牺牲了个性化。做服务关键在于个性化。每个客户的问题和需求都不相同，解决方案也千变万化。当你针对的是共性而不是个性时，你的服务质量就会大打折扣。课程服务的人群越多，越难实现个性化服务。

规模化一定要以牺牲个性化为代价吗？有没有办法可以实现"可复制的咨询"，既能保持个性化，又能实现规模化？

有过。国际知名咨询公司麦肯锡曾经选出一群聪明的年轻人，利用标准化的案例库和方法论把他们培训成咨询师，这就是运用了团队杠杆。由于使用了同样的方法论和案例库，所以对于相似的问题可以迁移和参照标准化的解决方案。通过培训更多年轻人，麦肯锡实现了一定程度的规模化。但又因为针对不同个体的问题因人而异、因事而异地选择工具，因此在一定程度上也保留了解决方案的个性化。这样的团队杠杆，是规模化和个性化在一定程度上的结合。

但即便如此，就像教育、医疗一样，受限于人力成本和资源分布，咨询服务还是太贵了，无法覆盖市面上大量的创业者。

更重要的是，随着互联网浪潮的兴起，时代变革太快，以至于咨询公司过往的案例库很快失效，咨询行业开始极度依赖个人的观察、判断和思考。也正因为如此，润米咨询才迎来了自己的机会，可以和知名咨询公司站在同一条起跑线上，一起面对过去从未面对过的问题。

2023年已经是我创办润米咨询的第十年了，至今，咨询服务的交付也只有我一个人。

前两年，我和小鹅通的创始人鲍春健说起我想服务更多创业者，我们就一起在小鹅通的技术平台上从零开始搭建了一个社群叫作"进化岛"。小鹅通一直是我们的战略合作伙伴，深耕知识服务领域，累计服务终端用户8.2亿人，全网用户累计学习时长超过14亿小时。你熟悉的很多知识产品，比如吴晓波老师的《每天听见吴晓波》、林少的《十点课堂》等都设在小鹅通上，我们的私域服务也是依托于它的技术。

我在进化岛上会每天抽一点时间回答一个创业者的问题，其他创业者如果有同类的问题也可以借鉴。这在一定程度上能服务更多的用户群体，但总体还是受限于我的时间。

一天回答一个创业者的具体问题，远远不够。还有好多问题我来不及解答，或者等我有空回答完，已经过了最佳的解决时机。但创业就像开车，不可能遇到岔路就停下来，等很长一段时间再决定往哪边开。我特别希望能回答完所有问题，但我真的分身乏术。

2023 年，以 ChatGPT 为代表的人工智能大语言模型的出现让我终于看到了实现"可复制的咨询"的一丝曙光。

既然当下的咨询依赖人的思维模式，那么复制一个和我拥有一样思维模式和知识体系的"人"不就可以了？

过去我这么说，你一定会觉得我在异想天开。但 2023 年不一样，因为以 ChatGPT 为代表的人工智能大模型在内容生产上的"出圈"，越来越多对人工智能有一些了解的人开始考虑怎么用它提高生产率。

那么，如何让通用模型成为"我"的大脑呢？

关键在于学习我的知识体系。通常来说，想让这个已经有一定智慧的"大脑"学习我的知识体系，有两种方式。

第一种方式是训练向量库，让向量库来和大模型沟通。

首先，就像人类用文字记录知识和信息一样，机器也有自己的记录语言，向量就是把信息和机器语言一一对应的工具。通过向量库，机器把它"学习"到的知识，通过编码（embedding）翻译成方便机器之间记忆交流的语言，一字不落地储存下来。不过，它只负责原封不动地记录和提取，确保信息准确，但是没有办法应用和迁移，或者像老师一样深入浅出地解释给你听。

你要让它解释给你听，就需要找到大模型这个"学霸"。这个"学霸"最擅长的是临时抱佛脚。你的每一次提问，都是一次对学霸的"临场测试"。看完题目任务，它转头就抱着向量库："老师，题目是这个，快，给我划个重点吧！"向量库从自己的记忆中找出所有能近似匹配的重点，扔给大模型。大模型再快速结合你的问题，从这些重点段落中找出最适合的知识点，再快速组织语言，结合自己的理解和演绎能力，通过举例子、打比方等方式给你具体解释，提供应用参考。

所以，可能在你因为多等了几秒钟而说"太慢了"的时候，它已经完成了一场惊心动魄的"临场测试"。

这种通过训练向量库的方式灵活度很高，可以匹配任意大模型。

第二种方式是直接训练模型。

这种方式就是选一个通用大模型，通过"集训"把自己的知识体系复制给它。数据越多，模型的"说话"风格、"思考"模式就和你越像，从而形成你的专属大模型。这个大模型越聪明，训练的效果就越好。随着大模型智能的迭代和发展，这种方式的效果是非常值得期待的。

如果你有太多要做的事，恨不得有另一个自己来一起完成，那么现在你的愿望即将成真。你将可以拥有一个说话风格、思维模式和你相似，且拥有你全套知识库、能不断更新的"分身"。这怎能不令人期待呢！

想到这里，我赶紧又跑去找老鲍商量：能不能训练一个我的"第二大脑"，放在进化岛上，给每一位创业者配备一个"智能副驾"？虽然"智能副驾"不能直接代替主驾来"驾驶"和判断，但是当创业者遇到问题时，可以随时问，也能解他们的燃眉之急。

老鲍也很感兴趣，觉得这是可行的，但需要我先整理一下可以用来训练的知识库。

于是，我把这些年来我写过的东西理了一遍。

首先是书籍。仔细算了下，我写过 14 套（20 多本）商业图书，涉及新零售、商业洞察力、商业史以及像《5 分钟商学院》这样的商业百科等领域，广泛覆盖了各种商业知识。

其次是公众号。"刘润"公众号已坚持日更六年多，发表了 2000 多篇原创文章，内容涵盖商业热点、市场洞察等。

最后是进化岛。我在进化岛上回答了 1000 多个创业者的真实问题。

以上内容加起来一算，竟然有 1500 万字了，这 1500 万字覆盖了我对商业方方面面的理解。

拿着这些素材，我们找到我的微软老同事、百姓 AI 创始人王建硕，他也是我之前在微软最敬佩的 20 个人之一。在他们团队的技术加持下，我们用这些素材在进化岛上训练出了一个创业者的"智能副驾"——小润总。

在训练过程中，小润总经历了多个版本的迭代、使用界面的更新换代和几轮用户测试。刚开始拿到最初版本的时候，我试着让同事用进化岛上创业者问我的问题向它提问。它给出的答案让同事看了直摇头："简直是人工智障。"于是，我们又尝试着用我写的书里的内容向它提问，谁知道，它的回答不知道出自谁，反正不是我。那是不是每次都把我的新回答告诉它，多投喂投喂就会好起来呢？然而，投喂了一段时间后，同事直接放弃了。

后面，陆陆续续又迭代过几个版本的小润总。有的说话风格特别像我，主打斩钉截铁地给出特别离谱的建议。有的具备我的知识库，但是理解能力不行，审题都审不对。

直到几个月前，突然有一天，同事给我发来了几个由新版小润总回答的进化岛上的问题，让我看看。

我一看，顿时觉得，我离失业的那一天可能不远了。它不仅思路清晰，语气也挺像我，回答前还会先承认对方提出的问题，安抚对方的情绪，很有"情商"。创业者还没用上，我自己倒是先用上作为参考了。

最终，我们让小鹅通把这个版本接入了进化岛。

小润总还远远不够完美。有些时候，他简直蠢得像我本人一样，但他能做我做不到的事情。它可以静静地坐在你的"副驾"位置上，不请假，不抱怨，有问必答，全年无休，在你探索商业世界的路上及时为你答疑解惑。

看着屏幕上的小润总，我恍然间看到了一个身影。

那是 1998 年的我。那时我刚毕业不久，为了得到公司承诺的一台笔记本电脑，我毅然选择成为"北漂"，每天背着砖头一样重的笔记本电脑，从通州区出发，辗转一个半小时去上班。

那时候中国互联网刚刚诞生没几年，而今天，你已经无法想象没有互联网的世界了。

我想象不出未来人工智能时代原住民的世界，正如站在 1998 年那个节点，我也想象不到现在的生活竟然变成了这样。

我猜，或许不久之后，各行各业的人们都会有一个共同梦想——拥有一个"智能副驾"。也许不久的将来，你还可以雇用各行各业的专家甚至你的偶像、你前老板的"第二大脑"，让它们坐在你的"副驾"上，为你打工。

不能活在时代前面，就只能活在它的阴影里

取代你的不是人工智能，而是更会用人工智能的人

取代你的不是人工智能，而是比你更会用
人工智能的人

老鲍说，他想帮助更多的行业做出自己的"智能副驾"，帮助更多的行业提高生产率。其实，教育业、培训业、保险业、制造业……每个行业都可以配一个"智能副驾"。

真好。可是，我们的工作岗位会不会因此而减少呢？

不会减少，只会变化。

根据麦肯锡发布的报告，到 2030 年，体力劳动和手工技能类工作时间将减少 14%。许多技艺娴熟的"工蜂式劳动力"将再无用武之地。但同时，使用技术技能工作的时间将增加 55%。

所以，不要担心人工智能会取代你。

取代你的不是人工智能，而是比你更会用人工智能的人。

18 世纪中叶，蒸汽机问世，这极大地提高了生产率，第一次工业革命由此开启。但是，这也意味着传统工人岗位的逐渐消失。工人们认为，机器抢走了他们的工作，于是他们打砸机器。但是，这并没有影响第一次工业革命的进程。因为生产率的提高使商品价格下降，出现了更多的

消费，进而拉动了经济增长。而需求增加、经济增长，又使更多职位出现。

20 世纪 50 年代，集装箱出现，货物运输的效率由此大大提高。但是，这也意味着传统码头工人会逐渐失去工作。码头工人举行了长达数周的罢工，但是，这并没有影响集装箱改变世界。因为有了集装箱，全球贸易开始高速发展，大量商品被运输到世界各地，各种从来没有过的工作岗位被创造出来。甚至可以说，没有集装箱，就没有中国制造这几十年的腾飞。

为什么"时代在抛弃你的时候，连个招呼都不会打"？因为你会骂它，因为你会和它吵架。不能活在时代前面，就只能活在它的阴影里。

2017 年，在北京的全球移动互联网大会上，物理学家史蒂芬·威廉·霍金（Stephen William Hawking）在演讲时说："在我的一生中，我见证了社会深刻的变化。其中最深刻的，同时也是对人类影响与日俱增的变化，是人工智能的崛起。简单来说，我认为强大的人工智能的崛起，要么是人类历史上最好的事，要么是最糟的。我不得不说，是好是坏我们依然不能确定。我们站在一个美丽新世界的入口。这是一个令人兴奋的、充满着不确定性的世界，而你们是先行者。我祝福你们。"

演讲结束一年后，2018 年 GPT-1 模型发布，ChatGPT
开始向我们走来。

祝你拥抱人工智能，祝你骑在新时代的背上。

:: :: ::

一切就像尤瓦尔·赫拉利（Yuval Noah Harari）在《人
类简史》中所说的那样："未来，人工智能革命将席卷
世界。"

数万年来，人类发明了刀、枪、原子弹等很多工具，使
人类的力量更加强大。但人工智能却与它们都不同，有史以
来第一次，有可能使力量脱离人类之手。以往的所有工具都
无法决定自己的用途，例如斧头决定不了要砍哪棵树，原子
弹无法决定是否要发起战争。但是，人工智能可以。

愿未来人工智能能在我们预期范围之内进化，去造福
人类，为人类带来生产率的提升，从而带来全人类财富的
增加。

接下来，我们的目光将锁定下一条重要线索：服务
崛起。

第 6 章

服务崛起

一路走来的服务业，还将继续向前

你可能早就发现了，服务业正在崛起。

你越来越意识到英语的重要性，后悔上学时没好好学，于是决定每天早上 6 点起床，背 20 个单词后再去上班。可是，被窝不答应啊，你恨死了被窝。一个星期后，你把闹钟砸了。

人类有四大谎言：重金求子、旺铺出租、高价回收和明天早起。怎么才能早起呢？有人能帮忙吗？

能。有一种人专门治这种病，那就是自律监督师。

小王是一名自律监督师。早上 5:59，闹钟准时叫醒小王。小王按掉闹钟，然后拨通了你的电话，叫你起床。你知道应该起床了，但是舍不得温暖的被窝，于是对小王说："让我再睡一会儿。"可是小王却不允许，在电话另一头一直催。因为你一天付给她 10 元钱，她的职责就是催你起床。你想挂掉电话，又有点心疼，因为这样你的 10 元钱就白花了。虽然百般不情愿，但最后你还是起床了。小王在电话那头一直等着，直到你开始背第一个单词。

自律监督服务是这些年出现的一种新服务。有人想减肥却管不住自己的嘴，有人想早睡却总抗拒不了手机的诱惑，有人要考试却总是想跑出去玩，有人和男朋友分手了却还是忍不住想联系……当你想提升或改善自己却总是控制不住自己的时候，就可以借助自律监督师来督促自己。你依然是个"自律"的人，只是需要有人来监督，而自律监督师是最关心你的陌生人。

做自律监督师赚钱吗？据说还挺赚钱的。一个 95 后小伙在网上开店，靠监督别人月入 10 万元。

这些年出现的新服务，不只有自律监督，还有很多。

比如游戏捏脸。近年来，很多网络游戏公司在游戏中加入了"捏脸"功能，让玩家可以自己设置游戏角色的形象。这个功能既新颖又有趣，而且个性化十足，因此大受玩家的喜爱与追捧。可是，想要捏出一张好看又独特的脸不是一件容易的事，不仅要花很多时间，还要投入心思。于是，游戏捏脸师应运而生。如果你觉得自己在游戏里的头像不好看，自己又不会捏或者没时间捏，可以请游戏捏脸师给你的虚拟头像捏个脸、美个容，让它瞬间惊艳众人。据说上海的一位游戏捏脸师月收入能达到 4.5 万元。

比如铸甲。女孩子喜欢穿汉服，那男孩子呢？男孩子喜欢穿铠甲。几乎每个男孩子心中都有一个英雄梦，有一种"黄沙百战穿金甲，不破楼兰终不还"的情怀。这几年，随着国潮的兴起和国风动漫的流行，很多人对铠甲产生了浓厚的兴趣，甚至渴望拥有一副自己的铠甲和武器。这种新生的需求，让铸甲师供不应求，很多铠甲爱好者找他们定制铠甲，希望一副手工打造的铠甲能让他们鹤立鸡群。

再比如陪诊。现在很多年轻人和父母生活在不同城市甚至不同国家，父母生病时他们常常无法陪同，心急如焚。怎么办？请陪诊师。他们会全程陪着老人挂号、问诊、交费、做检查、取结果。做陪诊师不需要太多技能，只需要有充足的时间，收入却不算低。在二线城市，陪诊师陪诊一天的价格是 200 ～ 400 元。一线城市的陪诊费用是一天400 ～ 600 元。

这些还不是全部，提供职业探索服务的探元素公司创始人程奕人和青山资本的张野告诉我，这些年出现了太多的新服务，如"沙滩代写师""多肉寄养师""蛋糕绘景师"……只有想不到的，没有做不到的。服务业似乎正在我们身边崛起。

图 6-1 是 2022 年中国 GDP 三大产业占比图。2022年，中国 GDP 总量约为 121 万亿元，比 2021 年实际增长

了 3%。其中，第一产业对 GDP 的贡献是 7.3%。第一产业
也被称为"农业"，但其实它还包含了林业、牧业和渔业。
这些加在一起对 GDP 的贡献是 7.3%，是不是比你想象的
少？第二产业也被称作"工业"，它包含采矿业、制造业、
建筑业以及水电气热的生产和供应业等，工业对 GDP 的
贡献是 39.9%，远高于农业。那第三产业呢？第三产业就
是"服务业"了，所有第一产业、第二产业之外的行业都
属于服务业，服务业对 GDP 的贡献是 52.8%。[⊖]也就是说，
2022 年一半以上的 GDP 是由服务业创造的。从这个意义
上来说，服务业已经成为中国最大的产业。

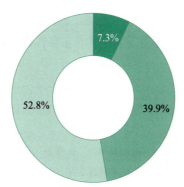

■第一产业：农业　■第二产业：工业　■第三产业：服务业

图 6-1　2022 年中国 GDP 三大产业占比图

⊖　国家统计局. 中华人民共和国 2022 年国民经济和社会发展统计公
报 [EB/OL].（2023-02-28）[2023-11-08].http://www.stats.gov.cn/
sj/zxfb/202302/t20230228_1919011.html.

　　服务业怎么突然就"最大"了呢？其实，这一点都不突然。我们接着看图 6-2。

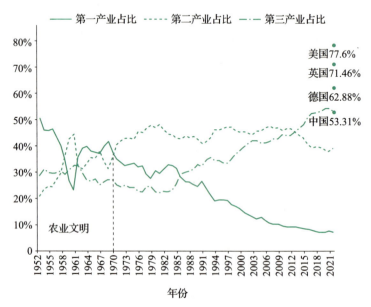

图 6-2　1952 ～ 2021 年我国三次产业 GDP 占比变化与 2021 年
欧美主要国家服务业的 GDP 占比

资料来源：①wind、中泰证券研究所；②国家统计局发布的
《经济结构不断升级　发展协调性显著增强——新中
国成立 70 周年经济社会发展成就系列报告之二》。

　　从图 6-2 中我们可以看出，1952 年至今，作为第二产业的工业在我国 GDP 中的占比起起伏伏，总体来说，是先快速上升，再缓慢下降。

但作为第一产业的农业就不一样了。1952 年，农业在我国 GDP 中的占比高达 50.5%，那时候我们是一个无可争议的农业国家。然后，农业的 GDP 占比呈现一路下降的基本态势，到 20 世纪 70 年代被工业稳稳超过，我们从农业时代进入了工业时代。在这之后，农业的 GDP 占比继续下降，一直降到 2021 年的 7.6%。

而服务业呢？从 1952 年到 1982 年，服务业的 GDP 占比呈缓慢下降趋势，但从 1982 年开始，则一路上行。服务业的 GDP 占比先是快速超过了农业，然后又于 2013 年正式超过了工业，我们又从工业时代跨入了后工业时代。在这之后，服务业的 GDP 占比持续上行，直到 2021 年的 53.31%。

服务业不是突然崛起，而是一路走来。那么，53.31%是"一路走来"的终点吗？

当然不是。

我们再来看图 6-2。2021 年，同样以制造业著称的德国，其服务业占 GDP 比重是 62.88%；工业革命发源地英国的服务业占 GDP 比重是 71.46%；美国的服务业占 GDP 比重是 77.6%。[⊖]

⊖ 快易理财网. 世界各国服务业增加值占 GDP 比重 [EB/OL]. （2023-11-12）[2023-11-12].https://www.kylc.com/stats/global/yearly_overview/g_service_value_added_in_gdp.html.

服务业曾经一路走来，还将继续向前。

品类分化、触点集中，让服务"新样态"恣意生长

服务业崛起，带来了漫山遍野、恣意生长的服务"新样态"。这些充满生命力的"新样态"，也许就是这个扑朔迷离的世界里确定性的机遇。

你一定急切地想知道为什么服务"新样态"会是"确定性的机遇"。

别急。我们从八个字讲起——"品类分化，触点集中"。

什么是品类分化？我以前在讲新零售时专门讲过品类分化。

在我小的时候，家家都不富裕，那时孩子们穿的是一种今天年轻人可能都没听说过的"小白鞋"。鞋子穿久了，再怎么洗都泛黄甚至发黑，要用白色粉笔涂一涂才会变白，但是一跺脚，就又恢复原样了。

有一次，我父母说要带我去买一双运动鞋，这让我特别兴奋。这种运动鞋的鞋底是用橡胶做的，运动时脚不容易受伤。买新鞋我很开心，那之后的一整年我都穿着那双运动鞋，不愿意换下来。

但是，今天你带着孩子去商场，对服务员说想给孩子买双运动鞋。服务员不会直接拿一双鞋给你，而是会问你：请问你要买哪类运动鞋？登山鞋、徒步鞋、球鞋还是跑鞋？

这就是品类分化。

经济增长带来了消费总量的增长。当人们越来越热爱运动、对运动鞋的消费总量多到一定程度的时候，这个大品类就开始分化成很多小品类了。因为曾经的"小"已经足以养活一个完整的产业链，比如球鞋。

你对服务员说："那我买球鞋。"服务员会接着问你："请问你买什么球鞋？篮球鞋、网球鞋、高尔夫球鞋还是足球鞋？"

你可能心想：我穿着篮球鞋也能踢足球。是的，只要你喜欢踢足球，无论穿什么鞋，都可以在球场上驰骋。但是，与篮球鞋相比，足球鞋一定针对足球这项运动做了专门的优化。当足球鞋这个小小的品类也已经大到养活一整个产业链的时候，足球鞋就被分化出来了。然后，穿其他鞋子踢足球开始被视为"不专业"。

你说："那我买足球鞋。"服务员又会问你："你是在什么样的球场上踢呢？是在铺短毛地毯草的球场上踢，还是在铺长毛足球草的球场上踢，或者在户外的真草球场上踢呢?"

只要经济一直在发展,消费总量一直在提升,品类分化就可以一直进行下去,永不停止。

所以,品类分化是经济增长带来的确定性机遇,而每一次分化都会出现一些服务"新样态"。

今天,中国服务业在 GDP 中的占比刚刚超过 50%,这意味着服务业还有巨大的增长空间。这个必然的增长背后,一定还有大量的服务"新样态"等待着被分化。而且,这个分化正在不断加速。

为什么会不断加速?因为触点集中。

什么叫触点集中?还是先从我小时候说起。小时候,我经常看到磨刀匠走街串巷,一边走一边吆喝着"磨剪子、锵菜刀"。有人想要磨剪子或刀,就会跟他讨价还价一番。谈妥价格后,他坐下来认真磨,我在旁边认真看。我很怀念这种感觉。可是现在,你已经很难再看到磨刀匠了,也听不到他们的吆喝了。因为今天的城市化居住环境导致他们获客的流量成本越来越高了。

我们来算一笔账。

假如一个磨刀匠在今天的城市森林中扛着磨刀石边走边吆喝,一天能遇到 10 个潜在客户,那么他为获得这 10 个潜在客户需要付出多少流量成本呢?这要看他不磨刀能挣多少钱。

今天在北上广深这样的城市送外卖，平均每个月能赚6000 元。按照一个月工作 20 天计算，每天大约能赚 300元。这个磨刀匠选择磨刀而不是送外卖，相当于放弃了每天 300 元的机会成本。300 元的机会成本摊到 10 个潜在客户身上，是每人 30 元。

但这 10 个潜在客户不是都会带来生意，有人会因为价格谈不拢而选择不磨了。假设 10 个潜在客户只有 2 个转化成了真实客户，磨一把刀的价格是 100 元，那么，磨刀匠一天能赚到的钱只有 200 元，还不如送外卖。为了赚钱，他只好去更多的小区吆喝——创造更多的触点，这非常艰难。

城市化导致传统触点的效率越来越低，基于这些触点的业态不断衰落，比如"磨剪子、锵菜刀"这种走街串巷式的叫卖。

那需要磨刀的时候怎么办呢？到哪里去找？还能找得到吗？

能。可以去北京朝阳区的"王麻子刀剪磨刀店"。

一位叫"0 田小笨 0 同学"的朋友有一次剁玉米，把刀剁坏了。在网上买的磨刀器不管用，又急着用刀，于是，她试着在美团上搜了一下，居然找到了这家号称"老字号磨刀"的磨刀店，而且离家不太远。她试着把刀送去，师傅动作麻利地给刀重新开刃，磨了差不多 20 多分钟。这位朋友在美团上留下了 5 星好评，并评价说"巨好用"。

一位叫"蛋町的厨房"的朋友是个厨师，他的刀都很贵，5 把刀加在一起大约上万元。他自己磨不好，于是在美团上找到这家店。进店前，他还担心师傅磨不好，所以专门买了个萝卜测试磨好后的效果。结果，他被震惊了，师傅磨好的刀太锋利了，可以说是吹毛断发。

还有一位叫"恶灵_A"的朋友是个裁缝师傅，他的"庄三郎24"专业裁缝剪需要经常磨，但现在已经没人走街串巷了。他只好把剪刀寄回南方的工厂，磨好后再寄回来。但这样一来，效率就很低。于是，他也通过美团找到这家店，师傅不但磨好了剪刀，还帮忙调了一下刀头。

听上去真的不错，可是，如果客户离磨刀铺很远，怎么办呢？很简单，发快递到店里，磨完后再快递回去就行。

听完这些故事，我挺感动的。磨刀这种几乎要消失的服务，居然被互联网救活了。

以前是磨刀匠找客户，现在是客户找磨刀匠。随着美团这样的互联网平台将附近几公里甚至整个北京市零散的磨刀需求集中起来，磨刀匠的流量成本大大下降，服务效率也大大提升。一个几乎不再可行的商业模式就这样变得重新可行。

这就是科技进步的价值，这就是互联网的价值，这就是触点集中的价值。

经济增长带来了品类分化，科技进步带来了触点集中，而品类分化和触点集中又带来了服务效率的提高。于是，大量的服务"新样态"如雨后春笋般冒了出来。

比如一人食烧烤。

我特别喜欢吃烧烤，但是吃烧烤都有个几乎刚性的要求，就是要人多，人多才热闹。可是，我就是想一个人不被围观、不被打扰地"撸串"，不可以吗？

可以。那就做"一人食"烧烤。

冯永辉的"六丁火木炭烤肉"主打的就是"一人食"，他的灵感源于日本一兰拉面。你进入餐厅后，面壁而坐，可以一边安安静静地吃点烤肉，一边开心地追追剧。谁也没想到，"六丁火木炭烤肉"一下子就火了。

以前，"一人食"这种消费需求是很难养活一家店的。但是今天，随着经济的增长，年轻人的新消费需求层出不穷，并逐渐被接受。然后，这些新消费需求被互联网集中成了大体量。需求一旦足够大，供给就会破土而出。

比如付费自习室。

酱酱子和朋友在 2021 年 10 月底开了一家"酱乎空间自习室",自习室藏在望京 SOHO 对面高耸的写字楼内,主要依靠美团引流。这个地方最大的特点,就是能看到 SOHO 美丽的夜景。

谁会来这里自习呢?酱酱子说,附近办公楼里的白领。这些白领分为两种:一种是来这边自我提升的,有人考证,有人考研,等等;另一种是来寻求工作业务的提升的,独自看看书学习一下。

这种需求过去是在哪里被满足的?在像星巴克这样的咖啡馆。不过,虽然咖啡馆很好,但有一些人却不喜欢那里喧闹的环境,所以,"独自学习"这个品类就从"第三空间"里分化了出来,变为了"自习室"。互联网这个触点又把这些零散的需求集中了起来。这样的需求一旦被集中,"酱乎空间"这样的自习室就破土而出了。

酱酱子说,现在年轻人喜欢"早 C 晚 A",就是早上咖啡(Coffee),晚上酒精(Alcohol),所以,他们每天晚上 6 点会做个切换,把自习室变成小酒吧,提供一些尖货精酿。开业第二个月,他们的营业额就超过了预期。

我问美团的同学,像这样的服务"新样态"有多少。他们告诉我,据粗略统计有上百种,如无人餐厅、VR 体验馆、付费自习室、植发体验馆、宠物乐园、胶囊酒店、帐篷营地、脱口秀俱乐部，等等。这上百种服务的"新样态"涵盖吃喝玩乐各个生活领域。更重要的是，这些服务"新样态"还承载了更多的就业，满足了老龄化带来的灵活就业的需要。

服务业的未来，是做别人"不会做"的事

我们怎么才能跟紧服务业继续向前的步伐，抓住恣意生长的服务"新样态"中蕴藏的机会呢？是大家都去"伺候人"吗，比如都去开专车、送外卖？

并不是。

服务业的未来不是做牛做马，不是做别人"不想做"的事，而是做别人"不会做"的事。

我给你举个例子。赵敬是生活整理师协会（CALO）理事长，人称"敬子老师"。CALO 品牌专门提供整理收纳服务，也就是帮客户收拾房间。

为什么有的人家里非常杂乱？敬子老师说，有些是因为空间设计有问题，有些是因为生活习惯有问题。比如，有人喜欢一进门就把外套扔在沙发上，因为进门的玄关处没有设计衣柜，所以外套只能扔在沙发上；有人的床头柜上全是衣服，因为每个人可能都有穿了一次还不需要洗的

衣服，但衣柜里没有一个格子可以单独挂，只能堆放在床头柜上；有人翻箱倒柜找不到毕业证书，只能安慰自己有一天它会自己出来，因为东西塞满了无数个抽屉柜子，却没有分类摆放，随手一放，转头就忘；还有人的家里东西堆积如山，因为舍得买但不舍得丢，没有养成"进一件，就要出一件"的生活习惯，久而久之就一团糟。

家里很乱，其实不是你不"想"整理，而是你不"会"整理。你不知道，整理房间也有很多学问。敬子老师说，他们做整理收纳的第一项工作不是整理，也不是收纳，而是咨询，甚至是培训。只有改变了空间，改变了习惯，人们才能把家里收拾得干干净净、有条有理。

那做整理收纳赚不赚钱呢？敬子老师说，能做咨询和方案的整理师一般时薪为 300 元，全屋整理一般需要两三万元。最复杂的，甚至收过 10 多万元。

为什么这么贵？因为你做的是别人"不会做"的事。

服务的关键，不是提供"服从性"，而是提供"专业性"。

"想不到"的服务，为你构建护城河

有些服务是做别人"不会做"的事，而有些服务可能是你连想都"想不到"的。

大家都知道，汽车行业的竞争极其惨烈，好车太多，买车的人挑得眼都花了。那么，一辆新车应该如何引起消费者关注呢？和游戏联名？把自己植入电影？甚至买汽车送股票？这些都是可行的策略，但是飞凡汽车的脑洞更大：他们找了一位"神人"，让他用乐高积木搭了一辆一模一样的新车，送到成都车展进行展览。

这辆神奇的车除了车架和轮胎之外都是用乐高积木搭出来的，长 4.9 米，宽 1.9 米，高 1.7 米，和原车的误差只有零点几厘米。你猜，这辆车用掉了多少乐高积木？ 103 万粒，重达 2 ～ 3 吨。更神奇的是，它居然真的能开。

这辆车震撼了成都车展。在互联网上，"用乐高积木拼的车能开多快"这个话题的阅读量达到了几千万次。

"拼"出这辆汽车的"神人"是中国大陆首位乐高®专业认证拼砌大师蒋晟晖。

蒋晟晖从小就喜欢拼乐高积木，长大后出国留学，有时候在学校做完实验无聊，他就靠拼乐高积木打发时间。他在这方面很有天赋，越拼越好，好到什么程度呢？好到惊动了乐高官方。2017 年，他拿到了乐高集团官方授予的"中国大陆首位乐高®专业认证拼砌大师"称号。到今天，全球拿到乐高官方认证的只有 21 人。

服务的关键，不是提供『服从性』，

而是提供『专业性』

服务业的未来不是做牛做马，不是做别人『不想做』的事，而是做别人『不会做』的事

　　然后，他开始提供一项你想都想不到的服务：帮人拼乐高模型。不是把乐高套装拼成成品，而是按照你想要的样子，拼出任意模型，比如前面提到的那辆车。

　　为了精确地还原真车，蒋晟晖从飞凡要到了原车的三维设计数字文件，然后在电脑里用乐高积木模拟拼搭。因为汽车车身有太多流线，用方形颗粒还原太难，所以他决定大量采用只有 1/3 厚度的超薄颗粒，这意味着搭建的复杂度倍增。他们团队一共有 10 个人，他们一起没日没夜地连续搭建了 50 天，才最终有了震撼成都车展的这件作品。

　　我问："拼一辆这样的车，你们大概要收多少钱？"他说："我们是按积木数量来收费的，一颗积木两三元，一辆这样的车收费大概是 300 万元。"

　　300 万元！我听完，想立刻回家学乐高积木拼搭了。蒋晟晖说："那你要先准备足够多的乐高积木，我公司库房里的乐高积木有 270 吨。"

　　270 吨！这个数字真是令人叹为观止。想不到的服务，需要想不到的积累。一旦汇聚成塔，你就有了自己的护城河。

三产融合，蕴藏着巨大的商业机遇

　　除了帮人整理收纳、帮人拼搭积木，还有什么别的机会能让我们跟着服务业一起向前吗？

有，三产融合。

服务业崛起，并不意味着农业和工业不重要了。它们依然举足轻重，尤其是工业在国民经济中一直发挥着"定海神针"的作用。

假设把一个劳动人口放在农业里，他可以创造 1 元的财富，那么，如果这个人从农村转移到城市、从农业转移到服务业，他可以创造多少财富呢？按比例推算，可以创造 3.5 元。服务业创造财富的能力远远超过农业。如果这个人从农业转移到工业呢？可以创造 4.3 元的财富。工业创造财富的能力比服务业更高。

这就是为什么过去 40 年城镇化和工业化能推动经济增长。因为一个劳动人口从农村进入城市，不管是进厂当工人，还是去饭店端盘子，他创造的财富都能增加几倍。这就是生产率的差异带来的影响。

而其中，工业对生产率的贡献最大。

现在，我们换个角度来看看就业率。

图 6-3 展示的是不同行业 2020 年与 2010 年相比吸纳青年就业人口的占比变化。

2020 年，农业（农林牧渔）吸纳的青年就业人口比 2010 年减少了 9%。工业中的制造业吸纳的青年就业人口减少了 15.4%。吸纳青年就业人口占比增加的几乎全是服务业。

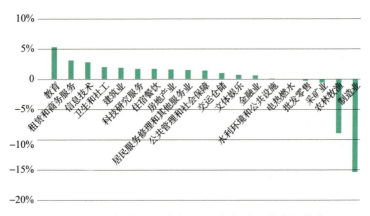

图 6-3　不同行业 2020 年与 2010 年相比吸纳青年就业人口的占比变化

资料来源：①国家统计局；②德邦证券. 青年就业：从三因素框架看"疤痕效应"来自何处 [EB/OL].（2023-05-26）[2023-11-08].https://pdf.dfcfw.com/pdf/H3_AP202305261587292023_1.pdf?1685123023000.pdf.

　　在解决就业这个问题上，服务业发挥了首要作用。据福建省高校智库区域特色发展研究院特约研究员姚美雄的估算，服务业每增长 1 个百分点所带动的就业人数大约比工业多 50 万人。[一]尤其是在经济出现波动时，快递、外卖、

㊀　姚美雄. 服务业化是中国实现现代化的必由之路 [EB/OL].（2017-09-19）[2023-11-08].https://m.thepaper.cn/newsDetail_forward_1797636.

专车、保险等都是巨大的就业缓冲池。

服务业是最大的就业容器。

工业解决生产率问题，服务业解决就业率问题，它们不但不矛盾，甚至可以融合。而且，这种融合蕴藏着巨大的商业机遇。

比如，有一个行业就是三产融合的产物，并且是一个有着巨大想象空间的万亿元市场。关于这个行业，我纠结了很久，要不要年度演讲中讲。这个行业非常神奇，从它有名字的那一天起，就被骂到不敢抬头。因为这个行业的发展，很多企业越做越大，但没有人敢承认，因为怕挨骂。但奇怪的是，这个行业在骂声中却越做越兴旺，这些年每年都保持着 20% 左右的增长。2023 年 7 月，人民网研究院发布的行业发展报告预计，未来 3 ～ 5 年，这一行业市场规模有望继续以 20% 左右的高增长率逐年上升。[一]

你猜到这是哪个行业了吗？它就是预制菜行业。

到底什么是预制菜？其实，现在在我们的日常生活中，预制菜已经不是新鲜事了。

你去一家餐厅吃饭，点了一份凉菜口水鸡，刚一转身，

[一] 人民网研究院. 预制菜行业发展报告 [EB/OL].（2023-07-11）[2023-11-08]. http://yjy.people.com.cn/n1/2023/0710/c440911-40031856. html.

口水鸡就被端上来了。你尝了尝，觉得味道不错。可你一想：不对啊，这么短的时间，连切都来不及，怎么就端上桌来了呢？没错，这道口水鸡多半是预制菜。

你吃着吃着，热菜酸菜鱼也上来了。热气腾腾，酸鲜嫩滑，哇，太好吃了！你又一想：不对啊，进门后一路也没看见鱼缸啊，而且菜单上那么多种鱼，也不可能都养。没错，这多半也是预制菜。

最后，你心心念念的他们家的招牌菜红烧肉也上来了。肥而不腻，鲜甜适口，你很高兴：红烧肉还真是就得吃他们家的。但你再一想：还是不对啊，要做到这样的肥而不腻，要炖好几个小时呢，这才多会儿？没错，他们家的招牌菜多半也是预制菜。

为了搞清楚预制菜这件事，2023 年 5 月，我陪同 20 多位企业家专程参访了盘点美味在上海的预制菜工厂。

盘点美味的创始人伍俊峰说："没错，上海那家知名连锁餐厅的招牌红烧肉确实就是我们独家定制的预制菜。你吃不出来，是因为今天的保鲜技术和以前完全不同了。"

什么意思？

有人抓了一条鱼，舍不得吃，想等到春节家人团聚时一起吃。可是，刚放了两天，鱼就臭气熏天了，因为微生物不断繁殖，也就是说它们先把鱼吃了。这怎么行？！于是，人类决定向微生物宣战。

人类最早的对付微生物的武器是盐。人们发现，在食物上抹盐可以抑制细菌生长，于是就有了腌鱼、腌腊肉、腌黄瓜。这个办法非常实用，但有个问题：食物也会因此脱水，变得又干又咸。

后来，人们发现，某些化学物质（如山梨酸）能破坏微生物的细胞膜，从而抑制其生长和繁殖，于是人们就研制出了防腐剂。食物口感是保住了，但过量使用防腐剂有害健康。

再后来，人类发明了冰柜。低温环境可以抑制细菌生长，但是，在冷冻的过程中，食物细胞内的水分会冻成冰晶，刺破细胞壁，解冻后，口感大不如前，有"木渣渣"的感觉。

从腌制到使用防腐剂，再到冰柜保鲜，人类一直在为保持食物新鲜而战。但这些"武器"都有明显的缺点，直到液氮速冻技术被发明和普及。

"木渣渣"的口感是因为细胞壁破裂，细胞壁破裂是因为水结冰时体积膨胀，体积膨胀是因为制冷的过程太慢，既然如此，制冷更快一些，甚至把鱼直接放入零下 100 多摄氏度的液氮环境中速冻，是不是就可以保持原来的口感了？这时细胞内的水分还来不及膨胀就已经被冻住了，口感和营养价值能被最大限度地保留。

现在，人类可以先在工厂里做出红烧肉，然后用液氮速冻技术锁住口感和营养价值，再用全程冷链送到餐厅，最后解冻还原成一碗原汁原味的红烧肉。

原来如此。可是，为什么要这么复杂呢？现做不是最简单吗？

因为这样可以借助工业的优势。

人力成本是一家餐厅的主要成本之一。过去，很多餐厅要独自完成采购、配菜、烹饪、加热等所有制作环节，这导致人力成本很高，能做的菜品也很少。最关键的是，辛辛苦苦还不赚钱。这也是服务业的难处所在。

如果把采购环节前置到工厂呢？由工厂统一采购原材料（因为规模效应，成本会更低，品控也会更严格），再用冷链送到餐厅，餐厅可以直接配菜。这就是"即配"。

如果把配菜环节前置到工厂呢？工厂配好菜，再用冷链送到餐厅，餐厅可以直接用切好配好的菜下锅烹饪，大大节省了时间，这就是"即烹"。汉堡店、炸鸡店的食品多是即烹食品。

如果把烹饪环节前置到工厂？工厂先把菜都做好，用液氮速冻后，再用冷链送到餐厅，餐厅一加热，就可以上菜了，这就是"即热"。前面说到的红烧肉就是即热食品。

如果把加热环节也前置到工厂，把食物做成不需要加热呢？这就有了"即食"。口水鸡、盐水鸭，就是即食食品。

即配、即烹、即热、即食，这就是预制菜的特点。

预制菜，通过不断地把制作环节前置的方式，借助工业标准化和规模化的优势，大大降低了服务业的成本。

这就是预制菜行业能高速增长的原因。

但为什么预制菜一边高速增长，一边疯狂挨骂呢？

因为民以食为天，食品安全大过天。

消费者会想：看着你做，我都不放心。你现在直接从工厂里拿出一包包、一罐罐、一袋袋，我怎么知道里面是什么？你让我相信这是安全的，我凭什么相信你？

这种情绪非常正常。

2023 年 2 月 13 日，《中共中央国务院关于做好 2023 年全面推进乡村振兴重点工作的意见》正式发布，其中提道："提升净菜、中央厨房等产业标准化和规范化水平。培育发展预制菜产业。"

标准化、规范化，是预制菜行业的核心。必须靠"加强自律，接受监管"，预制菜才能逐渐赢得消费者的信任。而只有消费者真的信任了，连通了农业、工业和服务业的预制菜才能迎来真正的发展。

　　中国最大的餐饮集团是百胜中国，旗下有肯德基（中国）、必胜客、小肥羊等餐饮品牌，一年营收600多亿元人民币。而美国最大的餐饮集团不是肯德基，不是麦当劳，也不是星巴克，而是一家预制菜公司——西斯科（全球最大的餐饮食材分销公司），它向全球大约36万家餐厅提供切好的菜和做好的肉，年营收600多亿美元。

　　也许在未来10年里，中国也会出现自己的"西斯科"。

:: :: ::

　　服务业正在崛起，如何抓住这个崛起的机会？做别人"不会做"的事情，做别人"想不到"的事情，做三产融合的事情。更重要的是，做专业的事，而不是做简单的事。

　　增长收敛、人口老化、情绪生长、智能涌现、服务崛起，还有一条线索是什么呢？是出海加速。

第 7 章

出海加速

全球化可能会震荡，但最终一定掉头向上

有人问我最喜欢哪座城市，我说我最喜欢四座城市：南京、北京、深圳和上海。

南京是我出生和成长的城市，不管我去哪里，总想回去吃一碗鸭血粉丝汤。北京是我大学毕业后漂泊的城市，虽然每天要花 2 个小时通勤，但那不就是青春的样子吗？深圳是我出差最多的城市，永远朝气蓬勃，永远是少年的模样。上海是我最终定居的城市，回到上海就是回到家。

2023 年，我最喜欢的城市又多了一座——义乌。

你知道一根纸吸管卖多少钱吗？因为材料的原因，纸吸管通常比塑料吸管卖得贵一些，在中国的电商平台上每根 1 ～ 2 角钱，在美国亚马逊上是每根 3 ～ 4 角钱。那你知道在义乌卖多少钱吗？ 2022 年 12 月，我陪同问道中国的企业家学员一起去义乌调研，一位做吸管的创业者告诉我，他们生产的纸吸管每根只卖 4 分钱。

4 分钱！这个数字实在是让我感觉有些难以置信。算起来，我已经有很多年没听过"分"这个货币单位了。我知道义乌的东西便宜，但不知道这么便宜。

我问他："那你们能赚多少钱？一根赚 2 分钱？"

那位创业者回答说："哪能赚到 2 分钱，我们一根吸管只能赚 4 厘钱，因为有原材料成本、设备成本、租金成本、人工成本、管理成本、运输成本、损耗成本，等等。我们一年卖几十亿根吸管，销售额达到几千万元，但利润都是一厘一厘地节省出来的。但也正因为这样，我们在全球都有很强的竞争力。"

听完后，我暗下决心：绝不碰吸管这个行业，还是老老实实地做咨询吧。

在义乌，我们还遇到了一个直播卖手机壳的小姑娘，她把手机摆在自己的正前方，一边直播一边制作手机壳。

我很好奇：现在直播这么"卷"，卖手机壳怎么能赚到钱？

小姑娘说，她的手机壳不是卖给中国用户的，而是卖给美国用户的。美国用户没怎么见过这些玩意儿，感觉新奇得很，在直播间里不停地说这个我想要，那个我也很喜欢。他们在直播间里下单后，小姑娘就在镜头前为他们现场制作。

　　她告诉我，算上物料成本、国际物流成本等，一个手机壳的总成本大约是 10 美元。一个手机壳她在直播间里卖 45 美元，赚 35 美元，按照 6.8 的汇率估算，差不多是 238 元人民币。大多数时候，她一天能卖 20 多个。

　　她一边说着，我在脑子里一边飞速算着：一天能赚 4000 多元，如果每天生意都这么好，就年过百万元了。

　　在北京的国贸、上海的恒隆，是看不见这些生意的。只有趴下来你才会看见，不起眼的夹缝里也能生长出好生意。"夹缝生意"的特点就是：明天这个生意可能就不见了，但后天又会有新的生意冒出来。

　　然后，我们又和另一位创业者交流。

　　这位创业者是做奖杯的，他告诉我们，美国、欧洲以及东南亚一些国家在搞活动的时候很喜欢发奖杯。其中，发奖杯最多的国家是马来西亚、越南和缅甸，这些国家一年发出去的奖杯数比他们的人口数还多。在这些国家，奖杯不是用来奖励第一名的，而是用来激励每一个人的。这位创业者做过一个最大的生意，一场活动发了一两万个奖杯。

　　这真令人感慨，即使是很小众的市场，只要你理解深入、透彻并且能够切入进去，也能很赚钱。

　　在义乌，我们还去了传说中的义乌国际商贸城。义乌国际商贸城有 8 万多个铺位，商贸城负责出售这些铺位的使用权。商贸城负责人指着其中一个 22 平方米的店铺，问我："润总，你猜猜看，这个铺位卖多少钱？"

我心想：你都这么问了，那应该不便宜吧。于是，我大着胆子猜道：50 万元？ 80 万元？ 还是 100 万元？

他摇摇头，说这个铺位卖 822 万元。

每平方米将近 40 万元！这真是让我震惊不已。上海是国际化的商业中心，徐家汇的商铺卖 5 万元每平方米，新天地的商铺卖 6 万元每平方米。陆家嘴是商业中心的商业中心，一个商铺也不过卖 12 万元每平方米，而义乌国际商贸城的一个小商铺竟然能卖到近 40 万元每平方米，是陆家嘴的 3 倍多，而这还只是卖使用权。到底做什么生意才能把这些钱赚回来呢？

我们接着往前走，看到另一家卖化妆品的店，离前面提到的那间"天价商铺"不远。我们一行 20 多个人被门店吸引，走了进去。老板是个很温和、热情又大方的女生。聊了几句之后，她突然问："您是润总吗？我上过您的线下大课，真的是您吗？"

没想到，在这里被认出来了。混了个脸熟，我也就松了口气，壮着胆子请教了她几个问题。

我问："你们这里的商铺都这么贵吗？"她笑了笑说，

是这样的，她在商贸城买了 3 个铺位，买得早一些，但每平方米也要二三十万元。

我很疑惑："这么贵，怎么赚钱呢？我看你的店里卖的是口红、粉底这样的小化妆品，能赚到钱吗？"

她解释说，这些产品是卖给海外客商的。他们来逛义乌商贸城，不像小女生逛商场一样买一两支口红就走。他们多是品牌商、经销商、大超市，一出手就是大单子，口红一买就是几千支甚至几万支。To C（面向终端客户）的店铺卖一个 20 万元的包已经不得了了，但 To B（面向企业客户）的生意都是几千万元的大买卖。而且，只要你的产品好、服务好，他们就愿意长期合作。

她还说，现在店里 90% 的客户都是回头客，而他们的利润正是来自回头客的长期复购。这也是为什么这里的商铺这么抢手、这么贵。有生意，能赚钱，自然就贵。

现在你知道我为什么喜欢义乌了吗？坚持纸吸管的极致，找到手机壳的缝隙，悟透发奖杯的本质，砸向回头客的重金……这个城市到处都是从地面上生长出来的交易智慧。

20 世纪 70 年代，义乌的耕地很贫瘠，经济落后，是浙江中部众多贫困县之一。但聪明的义乌人发现，如果把鸡毛、鸭毛、草木灰和人畜粪便搅拌在一起，作为肥料，效果十分明显。这种方法很好、很便宜，但需要大量的鸡毛和鸭毛，到哪里去找呢？义乌人决定拿东西挨家挨户去换。

义乌人自古就会做糖，他们在糖里加入花生、芝麻、薄荷，做成糖块、糖球以及今天仍能见到的寸金糖。用这些小孩子们喜欢的糖，义乌人换来了很多鸡毛和鸭毛。这就是著名的"鸡毛换糖"。

"商业的本质是交易"，我想那个时候的义乌人肯定没有听过这句话，但是他们每天在市场上和人打交道，做交易早就变成了他们的本能和天性。他们知道，我总有你需要的东西，你也总有我需要的东西。只要我们都有彼此需要的东西，就一定有机会交换，就一定会有交易，就一定会有贸易。

别看义乌这个城市好像有些土气，但是这里的人可一点都不土气。我算是经常出国的人，也去过不少地方，但是这些商家嘴里念出的地名，我可能都没听过。对非洲和南美洲的一些小国，他们无所不知。对地缘政治关系、全球贸易流向，他们也特别敏锐。一些人看起来其貌不扬，其实外语好得不得了。因为义乌人要和全世界人做交易，所以他们一直在研究和学习。

也正是因为义乌人的这种精神，义乌一步步成长为世界上最重要的贸易城市之一，"义商"也一步步成长为世界上举足轻重的商家。

你一定很好奇我为什么要讲义乌，为什么要讲"鸡毛换糖"，那是因为今天的外贸恰是如此。

我们先来看一组数据：根据中国海关统计，2023 年 1 ～ 10 月中国对美国出口总额为 2.91 万亿元，同比下降了 9.9%。[⊖]而根据美国商务部数据，2023 年，中国不再是美国第一大进口国。

看到这组数据，很多人会感到焦虑：真的应了那句话——"倒数两名是朋友，正数两名是敌人"吗？"去全球化"是真的要来了吗？

义乌人曾经很自豪地和我说过这样一句话：美国有大量东西都是从义乌进口的。义乌港如果堵死了，美国圣诞节可能就要取消了。或许，我们能从这句话中找到答案。

我非常认同麦肯锡全球研究院发布的《全球流动：世界互联互通的纽带》报告中的一句话：世界发展的方向并非简单地去全球化，而是在对已有的全球连接进行重置。

是的，全球化趋势可能会受突发的因素影响，进而出现波动、震荡甚至重置，但最终一定掉头向上。

⊖ 经济观察网. 海关总署：2023 年前 10 个月我国进出口总值 34.32 万亿元 [EB/OL]. (2023-11-07) [2023-11-09].http://www.eeo.com.cn/2023/1107/612396.shtml.

　　图 7-1 呈现的是 1960 ～ 2021 年全球贸易总额在全球总 GDP 中的占比情况，这个占比通常被用来描述"全球化的程度"。

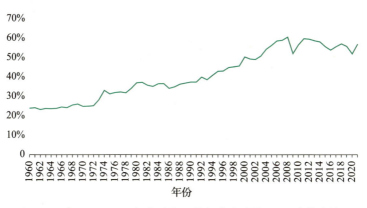

图 7-1　1960 ～ 2021 年全球贸易总额在全球总 GDP 中的占比

资料来源：Wind、世界银行、峰瑞资本创始合伙人李丰。

　　人类在历史上曾经历过三次全球化。第一次全球化没有出现在图 7-2 上，它从工业革命开始，被殖民主义推到巅峰，又被第二次世界大战终止进程。

　　第二次世界大战结束后，第二次全球化开启。随着世界秩序重建，联合国、国际货币基金组织、世界银行、布雷顿森林体系逐渐建立，全球化程度一路提高到 37.39%（见图 7-2），直到石油危机、通货膨胀爆发和布雷顿森林体系解体。

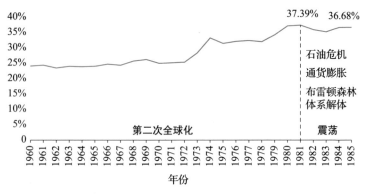

图 7-2　第二次全球化进程（部分）

　　在经历了短暂的震荡后，第三次全球化开启。随着互联网技术的革命性进步以及世界贸易组织推动的贸易自由化政策的出现，跨国公司和全球供应链迅速崛起，中国成长为全球经济的重要力量。全球化程度一度发展到了60.74%这个前所未有的高度，直到 2008 年全球金融危机爆发，世界再次陷入震荡，如图 7-3 所示。

　　发展、震荡，发展、震荡，发展……这就是全球化的总体趋势。

　　最近一百年的人类社会发展历史也证明了，尽管历尽波折，但全球化最终一定会掉头向上。

　　这是因为，全球没有哪一个区域能做到自给自足。[○]

　　○　出自麦肯锡全球研究院发布的《全球流动：世界互联互通的纽带》报告。

图 7-3　第三次全球化进程

　　中国做不到自给自足。虽然中国幅员辽阔，地大物博，但依然有超过 25% 的能源需要进口，尤其是离不开中东的石油和俄罗斯的天然气；依然有超过 25% 的矿产需要进口，比如澳大利亚的铁矿石；依然有约 10% 的主要农作物需要进口，比如美国的大豆。

　　欧洲做不到自给自足。欧洲有超过 50% 的能源需要进口，有 98% 的稀土来自中国。

　　中东和北非做不到自给自足。它们有大约 60% 的农作物需要进口，比如小麦。

　　拉丁美洲和撒哈拉以南的非洲做不到自给自足。它们都有超过 50% 的电子产品需要进口，尤其是要从中国进口。

一个人的成就大不过他的梦想，

一个人的梦想大不过他的所见所闻

全球化可能会被突发的因素影响，

进而出现波动、震荡甚至重置，

但最终一定掉头向上

美国也做不到自给自足。美国有超过 25% 的基础金属、超过 15% 的电子产品和超过 10% 的矿物需要进口。这些很多都来自亚太地区，比如中国。

没有哪一个区域能做到自给自足。只要我们都有彼此需要的东西，就一定会有"贸易"，一定会再"全球化"。

靠技术创新出海，走得更深

要想在第三次全球化中脱颖而出，我们应该依靠什么呢？还像以前一样依靠物美价廉吗？不，这一次，我们需要更多地依靠技术创新。

邵天兰是梅卡曼德机器人公司创始人，他们公司主要生产工业机器人。邵天兰告诉我，工业机器人就像人的手臂，可以做抓举、焊接等很多工作，但是，因为没有视觉和智能，只能重复执行固定的动作。比如，它们能抓固定的玻璃，却无法拿取混乱的零件。这样"又瞎又笨"的机器人是无法普及到千行百业的。要想让机器人更"像人"，能做更多事，就需要给机器人配上一双智能眼睛。邵天兰说，他们投入了上百人，研发了两年的时间，终于研究出了这双智能眼睛——工业级激光 3D 相机。

它的智能之处在于，因为用了结构光三维重建技术，它能识别物体的 3D 形状；因为用了人工智能技术，它能通过这个 3D 形状判断是什么物体；因为用了机器人自主规划技术，它能判断应如何拿起和放下这个物体。

这实在太有用了。比如，过去用机器人给车窗涂胶是涂不好的，因为车窗种类很多，位置多变。用人来涂胶又对身体有伤害，因为胶水气味太大。而当机器人有了"智能眼睛"后，就能准确地识别车窗的位置，然后以小于 1 毫米的精确度给车窗涂胶。

比如，汽车的生产线虽然已经高度自动化了，但是装轮胎的工作大多还是由人来做，因为轮胎有 5 个螺孔，车架在流水线上走，要想正好对上这 5 个孔太难了。而当机器人有了"智能眼睛"，它就能先看清楚车架上螺栓的位置，然后转动轮胎，在行进中把轮胎装配在 5 个螺栓上，精确度高达 0.1 毫米，整个装配过程完全不需要人的参与。

再比如，前面提到机器人无法拿取混乱的零件，是因为装零件的筐形状大小各不相同，摆放杂乱无章。如果机器人有了"智能眼睛"，就能像超市收银员一样逐个取走特定的商品，使整个流水线的自动化程度更上一个台阶。

真的是太厉害了。但是，你心里或许会有一个疑问：德国、美国的那些机器人公司为什么选择从中国公司买呢？难道它们不会做"智能眼睛"吗？

还真不会。自动化很强的德国缺乏人工智能人才，人工智能很强的美国又不在制造业的主战场，这就使制造业和人工智能都很强的中国获得了巨大的机会。

梅卡曼德一直坚持技术创新，已申请了300多项专利，市场占有率遥遥领先。2022年，梅卡曼德的3D视觉引导机器人的出货量全球第一（超过第2～8名的总和），其中近一半业务来自德国、日本、美国等国家。2022年，梅卡曼德的年收入为1.8亿元，市场占有率达到35%，而2023年的增长预计会超过100%。

在外贸生意这么难做的2023年，能做到增长100%，真的是太让人羡慕了。

邵天兰说，我们中国企业走出去时，常常被贴上"廉价低质"的标签，参与国际竞争时处于自带"–30分"的不利地位。怎么办？只有拥有自己的创新技术，才能像华为和大疆那样自带光环出场。

说得真好，不由得让人心生希望。不管这个世界怎么样，总有人在一路狂奔。

2023年，我也像那些机器人一样，有了一项新技能——跪着冲浪。你或许会问：为什么要跪着？因为我还没学会站着冲浪。我也想站着冲浪，站着冲浪那才是真帅，简直就是"一苇渡江"啊。更酷的是，我的冲浪板是悬在空中的，你一定会好奇这是怎么做到的，我也好奇，于是我问了朱秋阳。

　　朱秋阳是苇渡科技的创始人，"苇渡"这个名字就是出自"一苇渡江"。他们公司生产的产品其实不叫冲浪板，而叫水翼板。它看起来好像能悬在空中，因为它通过一块薄薄的板连着水下一副带动力的"翅膀"。这副"翅膀"在水里飞的时候会产生向上的升力，把人和板都顶出水面，看上去就像悬在空中一样。更妙的是，因为板和水不再接触，阻力大大减小，这个水翼板只需要充一次电就能从湛江"飞"到海口，所以又叫"水上飞"。

　　那这个"水上飞"卖多少钱呢？售价是 7000 美元，将近 5 万元人民币。这真的不便宜，但苇渡科技的"水上飞"卖得非常好。据朱秋阳说，他们的市场占有率已经超过40%，排名全球第一，在美国市场的占有率甚至高达 48%。

　　之所以会有这么高的市场占有率，朱秋阳说，是因为他们前期做了大量的技术创新研究。

　　比如对流体力学的研究。苇渡团队把怎么设计这副"翅膀"的形状、弧度、厚度才能获得最大的升力，研究得非常透彻，以尽可能将其做到极致。再比如对电机动力的研究。苇渡团队花了很长时间研究怎么设计电机叶片才能在尽量小的体积下获得最大的动力，力求实现电机动力最大化。这样的技术创新还有很多。

截至 2023 年 9 月，苇渡科技总共有 192 项专利，其中仅发明专利就有 49 项。这些使这款"水上飞"的性能至少比国外同行高出 20%。

朱秋阳说："你想要在市场上超越别人，就要先在技术上超越他们。"这句话让我肃然起敬。

一提起技术创新，很多人马上会想到芯片。芯片的确非常重要，但做出技术创新的不只有芯片，还有邵天兰的"智能眼睛"、朱秋阳的"水上飞"。

你在任何一个领域做出了"人无我有"的技术创新，都是为国争光。

中国的人口红利逐渐消退，但人才红利正在崛起。当这些优秀人才开始做出越来越高科技的创新时，中国的未来就会被点亮。

出海就是扬科技的帆，划当地的桨

技术创新让我们的全球化走得更深，但除了走得更深，我们还需要走得更远。

前面我们提到，根据海关总署公布的数据，2023 年前 10 个月中国对美国的出口总额下降 9.9%。而中国对所有国家的总出口额却增长了 0.4%。

对美国在下降，但整体在增长，这说明什么？说明中国对其他国家的出口额在增长，说明我们出口贸易的对象在发生结构性改变。

我请阿里巴巴国际站的同学帮忙，梳理了一份数据。

图 7-4 是 2023 年 1 ～ 8 月阿里巴巴国际站上跨境贸易增长最快的三个区域。

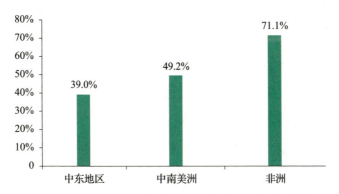

图 7-4　2023 年 1 ～ 8 月阿里巴巴国际站上跨境贸易增长最快的三个区域

第三名是中东地区，增速达 39.0%。第二名是中南美洲，增速达 49.2%。第一名是非洲，增速达 71.1%。这么看来，我们的全球化似乎正走得越来越远。

真的是这样吗？我又专门找到了同程商旅的同学，向他们求证。

同程商旅是做 To B 差旅服务的，已服务了 5000 多家客户，一年订单有上千万笔。我问他们：中国企业出海，都去了哪里？他们的数据非常清楚地显示，2023 年差旅订单上升最快的三个区域同样是中南美洲、非洲和中东地区。2023 年，中国企业家们去中南美洲的差旅订单量相比新冠疫情前的 2019 年上升了 120%，去非洲的差旅订单量上升了 140%，去中东地区的差旅订单量上升了 141%！而中国企业家们去的次数最多的国家不是美国，也不是日本，而是阿联酋。

我们可能真的需要重新看一下世界地图了。

不管你们怎么样，我决定了，2024 年一定要做的一件事就是去阿联酋，去中东地区实地考察。因为在我们目光所不及的地方，正在孕育着一轮新的增长。

我一定要去那里看看，那里的市场是怎么运作的，那里的公司是怎么经营的，那里的人是怎么生活的，那里的机会藏在哪里。

一个人的成就大不过他的梦想，一个人的梦想大不过他的所见所闻。

1978 年，中国改革开放的第一年，法国设计师皮尔·卡丹（Pierre Cardin）就来到中国，他是第一位来中国的欧洲设计师。他走了很远很远，他的品牌也因此在中国大获成功。

在他来到中国前，中国没有真正意义上的时装和模特。1979 年他在中国举办了第一场时装秀，然后，他就成了中国人的时尚启蒙人。当时全国职工月平均工资不到 100 元，而皮尔·卡丹的一个领带夹就要卖到 40 多元，一套西装更是高达几百上千元。皮尔·卡丹成了中国第一个真正意义上的奢侈品牌。

走出去的不一定是奢侈品，也可以是科技。

李铁铮是信也科技的 CEO，他说，今天从中国的视角看东南亚的金融科技，就像 1978 年皮尔·卡丹看中国的时尚产业。

在中国，一个人可能有好几张信用卡，人们已经习惯了数字支付方式，数字人民币也在推广和普及。但是，在东南亚，金融支付系统还不完善，银行卡、借记卡、信用卡普及率很低。《2022 年中国 – 东盟电子商务发展报告》中引用的数据显示，除泰国外，东盟其他国家或地区中只有不到 35% 的成年人在金融机构注册过账户，菲律宾拥有银行账户的人口比例不足总人口的 40%。⊖这是中国金融科技走出去的好机会。

但是，走出去很容易水土不服。中国人沟通有时很直

⊖　中国国际电子商务中心，广西壮族自治区商务厅. 中国 – 东盟电子商务发展报告 [EB/OL].（2022-09-01）[2023-11-13].http://swt.gxzf. gov.cn/zfxxgk/fdzdgknr/zwdt/gxsw/W020220921657391033453.pdf.

接，而当地人比较喜欢婉转，这很容易产生文化冲突。李铁铮逐渐意识到，走出去不是"我来改变你"，而是"我来融入你"。现在，信也科技 80% 的团队成员都是本地人，70% 的成交资金来自当地金融机构。

信也科技在东南亚市场深耕了五年，用户数已过千万，并且还在呈几何级增长。

李铁铮说：出海，就是扬科技的帆，划当地的桨。

我深以为然。

:: :: ::

清华大学国家战略研究院的徐弃郁老师说过一句话：我们总是对短期预期太高，而对长期预期太低。

是啊，对眼前的变化，我们恨不得每天争论三遍。但对中长期的变化，我们却常常视而不见。而真正的战略机会往往都藏在中长期的线索里。

出海，让我们靠技术创新走得更深，靠放眼世界走得更远。

第四次全球化正在缓缓开启，让我们打开门，走出去吧。就算门外风起云涌，我也祝愿你能够逆风飞扬。

第 8 章

逆风飞扬

你无法选择风向，但可以看清风向、借助风向

现在，帮助我们更早看见未来的六条关键线索我已经一一讲完，希望这六条线索能使你逆风飞扬。你或许会好奇：为什么是逆风飞扬？逆风也能飞扬吗？

每位创业者都是大海中的一艘帆船，梦想都是远方，但是，风的方向不一定就是梦想的方向。除非你上岸，或者放弃梦想，否则，你一定要学会如何在逆风中保持前行。

逆风中怎么保持前行？调整船帆。

顺风时很简单，让船帆与风向保持垂直，这时风就会推着帆，帆就会推着船，一路向前，这就是我们常说的"一帆风顺"。

侧风时也有办法，让船帆和风向保持45°夹角，这时侧风对帆的横向压力就会部分转化为船的前进动力，船依然向前航行，虽然速度减慢不少。

可是，如果遇到的是逆风呢？也就是，如果风从正前方吹过来呢？

这时，你就需要学习一项专业的技术了——抢风航行（Tacking）。先把船头转向右前方，这时逆风就变成了侧风，然后通过调整船帆，向右前方前行一段，再把船头转向左前方，通过调整船帆，向左前方再前行一段。然后，再向右前方前行一段，再向左前方前行一段……尽管慢，但是船会在曲折中驶向前方。

不管是顺风、侧风还是逆风，只要你想前行，就一定能前行。"顺风兮，逆风兮，无阻我飞飚。"这是吴士宏老师的书《逆风飞飚》封面上的一句话，我特别喜欢。你无法选择风的方向，但是你可以选择看清风的方向，借助风的方向。

当然，更重要的是，不管是顺风、侧风还是逆风，你首先要做的是选择出发。

为了准备年度演讲，除了进行大量的实地调研之外，我还做了一件事，就是向那些有深度思考的专家老师们请教、学习，每个季度一次，我把这称为"进化的力量·季度盛宴"。

在季度盛宴上，我邀请过我的偶像吴士宏老师、智纲智库的王志纲老师、中央党校的郭强老师、华与华的华杉老师，等等。每次我都收获巨大，比如，刘擎老师说的一句话就让我受益匪浅：人类的文明就是一场漫长的出走。

科学研究显示，大约 20 万年前，现代人类的祖先智人在非洲诞生。在距今 20 万到 12.5 万年间，非洲气候湿润，适宜居住，因此，他们一直在非洲生存、繁衍和进化，直到距今 12 万至 6 万年间，非洲环境发生了变化，气候逐渐干燥，食物越来越短缺，水源越来越少。

面对这种变化，人类该怎么办呢？

此时，一部分人选择了留守，而我们的祖先选择了出走。他们开始大规模迁徙，先从红海南部的海峡进入阿拉伯半岛，然后向西迁徙到欧洲，向东迁徙到南亚和东亚。最终，他们找到了更广阔的生存之地，继续生存、繁衍、进化了几万年。

后来，随着地球进入最后一个冰河期，大量冰川被锁定，海平面下降，连接亚洲和美洲的白令海峡露出水面，形成一个"陆地桥"。这时，一部分人类选择继续出走，他们顺着陆地桥从亚洲走到北美洲，然后继续向南迁徙，直到到达中美洲和南美洲。

人类进行了无数次出走，可以想象，这一路他们遇到了多少风险。是什么让我们的祖先这么勇敢呢？

科学家们对此充满了好奇，并为此进行了大量的深入研究，结果发现，这可能和人类非洲祖先身上的一项基因突变有关。

几万年前，部分非洲祖先身上的 DRD4 基因发生了突变，生成一种代号为"7R"的变体。这种变体会让人具有更强的探索精神，甚至产生冒险的倾向。相对于留守，他们更愿意出走。即使充满风险，他们也绝不认输。正是这部分勇于冒险、绝不认输的非洲祖先，率领大家走出了非洲，并且越走越远。

科学家们对这个问题做了更深入的研究，他们想知道，某些特定群体是否更具有冒险精神，比如创业者。

国外研究显示，创业者中有 35% ～ 50% 的人的基因发生了变化。要么是 DRD4 基因出现变体，使他们更愿意探索、冒险；要么是 5-HTTLPR 基因出现变体，使他们更善于调节情绪；要么是 MAOA 基因出现变体，使他们更能够应对压力。因为这些基因变化，他们天生对未知的世界一见如故，在留守和出走之间他们更愿意选择出走，在逃跑和战斗之间他们更愿意选择战斗，在躺平和奋斗之间他们会毅然决然地选择奋斗。

然后，这些出走、战斗和奋斗的人，进入了大雾背后那个全新的世界。

在新的生态里，找到你的有利位置

2023 年度演讲的主题是"寒武纪大爆发"，因为刚刚过去的 2023 年和寒武纪大爆发一样扑朔迷离，且背后同样藏着多条复杂的线索，在这些线索的共同作用下一样会重构一个全新的生态。

那么，勇于冒险、绝不认输的创业者应如何带领企业在这个全新的生态里找到自己最有利的位置呢？

企业需要参加三轮"生态位争夺赛"。

现在，有两组选手。一组是在现有生态位上已经占据绝对领先地位的企业。在这个生态位上，它们干掉了其他竞争者，规模庞大，资金雄厚。我们将其称为"旧物种"，或者"大企业"。

另一组是打算抢夺这个生态位的、渴望领先的企业。这些企业虽然缺钱、缺人，但它们数量众多。我们将其称为"新物种"，或者"小企业"。

这场生态位争夺战的结果是旧物种能卫冕，还是新物种能夺冠？这取决于下面的三轮比赛。

第一轮，比战略。

这一轮出题的是这个时代，题面是一个风起云涌、扑朔迷离的世界。摆在选手面前的是 100 个选项，但这是一道单选题，只有 1 个选项能通往胜利。请问，你怎么选？

这道题是大企业的强项。它们不仅有足够的资源和能力，有战略部、参谋部、研究院制定切实可行的战略，还可以向场外求助，请最好的咨询公司帮它们分析和研究。分析完之后，大企业发现有 70 个选项明显错误，正确答案在剩下的 30 个选项中。

正确答案确实在这 30 个选项中，大企业排除明显错误选项的概率可达 100%。

那小企业呢？小企业通常缺乏战略思考，更没有能力请咨询公司，它们更多地依赖自己的直觉，也更相信自己的直觉，所以，选什么的都有。

但最终，毕竟有 70 个选项是明显错误的，站在这 70 个选项背后的创业者被淘汰出局。被淘汰的时候，他们依然不能理解这是为什么。也就是说，小企业排除明显错误选项的概率是 30%。

战略对直觉，这一轮，大企业胜出。

虽然小企业个体排除明显错误选项的概率比大企业个体低得多，但是小企业作为一个海量的总体，一定有人选对，所以，小企业总体排除明显错误选项的概率也是 100%。

第二轮，比资金。

假设大企业、小企业最终都筛选出了 30 个选项，其中只有 1 个是对的。请问，该怎么选？

这道题也是大企业的强项。它们有充足的资金，于是决定在其中 3 个选项上投入重金，把单选题变成多选题，这真是"无须技巧，有钱就好"。但钱再多也是有限的，它们也只能选 3 个选项来尝试。在 30 个中选 3 个，大企业有 10% 的概率选对。

为什么不能是 100%？就没有 100% 成功的方法吗？没有。这个世界的最底层逻辑是概率，我们做的所有事情都是为了提高概率，正所谓"谋事在人，成事在天"。

回到这场比赛。

那小企业呢？小企业没有资金，只能在 30 个选项里面选 1 个，所以，小企业选对的概率是 1/30，也就是 3.33%。

资金对运气，这一轮，大企业再次胜出。而小企业作为一个海量的总体，总有人选对，所以总体还是完胜的。

第三轮，比组织。

假设前面两轮大企业和小企业都选对了，那么到底谁更适合这个生态？大企业通常会觉得这一轮自己赢定了，因为它们有丰富的管理经验，有完美的组织形态。大企业过于相信自己过去的成功经验，而阻碍创新的可能恰恰是组织的"肌肉记忆"。

这一轮，傲慢令大企业的胜率极低。

而小企业的组织形态从创立的第一天起就是为这个新时代而生的，然后，它们没有任何历史包袱地一路生长。

井井有条的死气沉沉对乱七八糟的生机勃勃，显然，"比组织"这一轮，小企业胜出。

三轮比赛结束了。现在，我们来回顾一下这场生态位争夺战，看看能获得什么启发。

第一，虽然在战略和资金方面处于优势地位，但是在一场寒武纪大爆发式的时代巨变中，傲慢和产生路径依赖的旧物种大概率会消失，如柯达。

第二，虽然新物种这也不行，那也不会，但因为数量庞大、形态多样、不断生长，作为一个整体几乎必然会取代旧物种。

第三，新物种整体的胜利并不意味着每一位创业者的成功。寒武纪大爆发的代价是一将功成万骨枯，大量小企业会死在错误的进化树上，只有活到最后的那个幸运儿才会被称作"英雄"。

所以，如果你的企业是大企业，在这场生态位争夺战中你们的胜负手就是组织。能否做好组织变革，是大企业生死存亡的关键。

方法错了可以复盘，方向错了就是灾难

三轮『生态位争夺赛』:

- 比战略
- 比资金
- 比组织

如果你的企业是小企业，你们的胜负手就是战略。只有不靠直觉、不靠运气来答题，才能提高胜算。

小孩子才喜欢"划拳"，大人要学会"下棋"，要学会战略思考。

不要用战术的勤奋掩盖战略的懒惰

战略思考很重要，你的心中有地图，路才走得稳。

很多人不理解战略，最后难免犯错。其实，很多时候企业走向歧途不是因为制定了一个"不好的战略"，而是因为制定了一个"不是战略的战略"。

举个例子，有人说"明年要赚一个亿"，有人说"五年内要做到行业第二"，还有人说"五年内我要打败某某竞争对手"，请问：这些是战略吗？不是，这些是目标。而战略是一种从全局考虑和谋划如何实现目标的规划。

"攻城拔寨"不是战略，"挥斥方遒"才是战略。"赚一个亿"也不是战略，"如何赚一个亿"才是战略。

战略回答的是"如何"的问题，回答的是"路径"的问题。

你要去往一片宿命应许的星辰大海，摆在你面前的路有两条：一条是大路，宽阔平坦，非常好走，但拥挤异常；

另一条是小路，荆棘密布，泥泞不堪，但人迹罕至。

你选择哪一条路？

选择大路，你必须起早贪黑、日夜不歇，才能在人流中挤出一个身位。

选择小路，你必须披荆斩棘、跋山涉水，才能抄到捷径来反超其他人。

大路、小路，都是"路径"，都是战略，没有好坏之分，只有合不合适。

大路是为身强体壮的人准备的。瘦弱之人走大路，会被挤死。

小路是为手握神兵的人准备的。赤手之人走小路，会被挡住。

那么，到底什么是战略？管理学大师亨利·明茨伯格（Henry Mintzberg）在他的著作《战略历程》中说，"企业战略是持续指导企业发展的动态工具"。具体来说，你要先有一个远方的目标，然后设计一条通往这个目标的路径，最后根据情况做定期调整。

这其中包含三个关键点：

第一，一定要是远方的目标，而不是目光所及的目标。比如，目标最好是五年内成为行业龙头，而不是明年业绩增长 50%。

第二，路径一定要是具体可执行的，不能是模糊的。比如，路径最好是新开 8 个销售办事处，而不是拓宽销售覆盖范围。

第三，要根据行业趋势、大环境、新技术、内部资源调整等最新情况，对战略定期做出适当的调整。比如，去年你花巨资请了第三方机构来为你们提供咨询服务，并且倾尽全公司之力开了个三天两夜的闭门战略会，终于制定出了一个五年战略。按照这个战略，全公司严格执行一年，效果不错。那么，明年还要继续严格执行这个五年战略吗？不一定。你需要把去年制定战略的过程再来一遍，对这个五年战略进行适当的调整。

也许你会觉得我这么讲还是太抽象，那我再给你讲一个极之美创始人曲向东徒步去北极点的故事，这个故事可以说明到底什么是战略。

我是个特别爱旅行的人，有一颗闲不住、想到处去浪的心。2012 年，我到达南极。2013 年，我乘坐"五十年胜利号"核动力破冰船到达北极点。对我来说，去南极和北极旅游是挑战之旅。但在"7+2"⊖极限探险者眼中，这压根不算什么。我是坐船到达北极点的，但是曲向东是徒步

⊖ "7+2"指的是攀登七大洲最高峰且徒步到达南北两极点的极限探险活动，是极限探险的最高境界。

到达北极点的。

怎么徒步？是背着装备、带着指北针一直往北走吗？当然不是。

凡事预则立，不预则废。就像企业制定战略一样，曲向东和他的队友们也规划了一条前进的路线。他不知道路上会遇到什么，但是，为了达成走到北极点的目标，他知道至少要了解未来 5 天该怎么走，比如第一天走到哪里，在哪里扎营；第二天走到哪里，在哪里扎营……这就是战略。

你看，它满足了我在前面提到的一个战略应该具备的两个关键点。

第一，有远方的目标——北极点。

第二，有可执行的路径——至少规划了未来 5 天怎么走。

有了路线，那就开始走吧。

辛辛苦苦走了一天，按照战略规划顺利到达了指定的地点，安营扎寨，休息。

第一天就这么过去了，就像很多企业一样，辛辛苦苦干完了一年。

一觉醒来，首先要做什么？是按照原来的战略规划继续第二天行程吗？不是的。曲向东醒来后的第一件事是拿出 GPS、卫星地图，对去往北极点的路线进行校正。因为北极是一片大洋，不像南极是一整块大陆。徒步去北极点其实是在冰上行走，而这些浮冰是会移动的，所以必须及时对路线进行调整。

制定战略并进行适当的调整，帮助他们最终走到了北极点。

你看，这就是我在前面提到的第三个关键点——根据最新情况定期调整战略。

战略决定了你的终局。一个好的战略虽然不能确保企业取得成功，但是我相信，它会大大提高企业成功的概率。所以，我们经营企业一定要先思考战略问题。

雷军说，不要用战术的勤奋掩盖战略的懒惰。

这几年，我见过很多创业者，他们特别勤奋，也特别努力，但就是一直在利润生死线上苦苦挣扎，赚不到更多的钱，不知道该怎么办。他们很焦虑，跑来问我："润总，你能不能判断一下我这个行业未来还能不能挣到钱？"

未来还能不能挣到钱，这其实就是一个战略问题。今天之所以还能挣到钱，一定是你过去做对了什么，或许是你过去的战略规划引领你找到了正确的方向，或许是你之前的商业模式创造了价值空间，又或许是你误打误撞抓住了红利。但是，当竞争越来越激烈时，你发现挣钱越来越难了。

最怕的就是一直低头走路，很努力地往前走，却陷入了"战术的勤奋"，走错了路。

什么叫"战术的勤奋"和"战略的懒惰"呢？

举个例子，有个人正在为建造一座房子而工作，他每天都很勤奋地砌砖、涂抹水泥，确保每块砖都完美地契合。这就是"战术的勤奋"：他关注的是短期任务，这些任务要求高度的专注和高水平的技能，他也确实在这个层面上做得很出色。然而，他日复一日地忙于工作，却从未停下来思考整座房子的设计蓝图是否合理，是否需要调整，或者这座房子在未来是否真的适合居住。他没有去思考长期的目标，比如房子是否足够坚固，能否抵御台风，或者位置是否合适。这种缺乏前瞻性的规划就是"战略的懒惰"。尽管他每天都在很努力地工作，但由于没有明确和长远的规划，最终建造的可能是一座有致命缺陷的房子。

很多人就犯了"用战术的勤奋掩盖战略的懒惰"的错误。每天埋头苦干，只看当下，结果等"房子"盖好了才发现出了大问题。

方法错了可以复盘，方向错了就是灾难。

所以，当你发现赚钱越来越难了，你可以问自己一个问题：现在真的是在做正确的事吗？假设三五年之后你用现在的方式挣不到钱了，怎么办？

人不能一直低头走路，也要抬头看天，想一想未来的路到底要怎么走，未来的战略该怎么规划。

看五年，想三年，认认真真干一年

那么，如何制定出一个"是战略的战略"呢？我给你分享一个简单又实用的方法——"五三一"。简单来说，就是看五年，想三年，认认真真干一年。

"看五年"就是要看看五年之后这个世界会有一些什么样的变化。比如，想一想未来五年你会因为错过什么机会而拍断大腿，后悔不已；五年以后你从事的这个行业大概是什么样子；外部世界可能发生哪些变化，这些变化对你的公司有什么影响。

比如新基建。过去的基础建设是修桥、修路、修高铁，而现在国家重点扶持的新基建项目是建设工业互联网、卫星互联网等互联网领域的基础设施。那么，这些互联网领域的基础设施会以何种速度增长？五年之后又会是一幅怎样的光景？

比如新消费人群。70后、80后出生和成长于物资匮乏的年代，是带着贫穷记忆成长起来的。但是，现在的

90 后、00 后、10 后就不一样了，他们生活在物质丰富的年代，他们的成长伴随着祖国走向强大，他们几乎没有贫穷记忆。他们喜欢的产品不需要经济、实用、耐用，他们看中的可能是颜值、个性、文化，甚至是气味。那么，五年之后，他们的消费追求又会有什么样的变化呢？

再比如银发经济。五年之后，老人们希望自己的生活里能多些什么？你能为老人们的幸福生活提供些什么？

你可能会说："这些词我都听过、想过，可是，我怎么才能准确地判断出五年之后这个世界是什么样子呢？"

我的建议是，尽可能掌握更多信息。

我相信，没有人可以拍着胸脯说五年之后世界一定会变成某个样子，但是，尽可能地多掌握一些信息，你的判断就能更准确。

你可以多看政府规划、人口普查报告以及新闻联播，你可以多和同行、专家甚至跨行业的人才交流。答案也许就在其中。

举个例子，你是做燃油车的，你不知道五年之后燃油车还能占据多少市场份额，于是你看了很多报告，参与了一些行业论坛，与一些知名专家、同行交流，掌握了更多信息，于是，你初步判断出五年之后有关万物互联的技术将会比较成熟，路上跑的车可能有超过 90% 的都能做到

"手机 – 汽车"联动，所以，你决定未来五年向着这个方向去改进。

再比如，你是一家餐饮公司的老板，你通过更多信息判断出五年后餐饮行业可能会变成一个比拼供应链能力的行业。一些知名连锁餐厅可能有超过 60% 的菜是超低温冷链配送的，现场加热一下就可以端上桌，味道还和现做的没什么差别。所以，你决定开始筹备预制菜和打造供应链。

这就是"看五年"。

而"想三年"就是想一想三年后你的战略目标是什么。

比如，如果你判断未来大部分餐厅都是靠供应链、预制菜驱动的连锁餐厅，那么你应该问自己：三年后我们的市场规模应该达到多少才行？我们应该有多少家连锁餐厅？我们应该建多少冷链配送中心？我们的预制菜占比要达到多少？这些就是你的战略目标。

当然，这些问题不太好回答。那么，不妨试着换一些问法。

比如问"做什么"。具体来说，就是三年后公司的目标是什么，是不是要开启一摊新业务。

比如问"凭什么"。这个事情凭什么你能做？别人能不能做？如果别人不能做，你能不能可持续地做下去？如果都能做，你能不能比别人做得更好？

比如问"有什么"。想清楚自己的能力、资源和优势。假如你是开饭店的，你的优势是食材新鲜、厨艺精湛，还是服务贴心、细致妥帖？要怎样借助这些优势提高经营效率？

再比如问"缺什么"。想一想，是不是需要研发团队，是不是需要资金支持，等等。知道了缺什么，你就能有针对性地去解决问题，该招人招人，该找钱找钱。

这就是"想三年"。想三年不是为了解决企业眼前的问题，而是为了解决几年后你想成为什么的问题。你想收获果实，就要从现在开始花一点时间去种树。

而"认认真真干一年"，就是明年你要脚踏实地、扎扎实实地干一年。

怎么干？仍然要把 70% 的时间和资源投入到现有的业务上，确保它继续增长。另外 30% 的时间和资源要用来做那些能实现你的战略目标的事。

比如，如果你的战略目标是三年后占有上海充电桩市场 60% 的份额，那么明年你就要抽出 30% 的时间和资源去研发一款充电桩，这款充电桩一定要比市场上的充电桩节省 30% 的成本，充电速度快 30%。明年，无论如何你都要把这项技术研发出来，并在上海至少拿下两个区域的经营权。这一年，在充电桩这个领域挣不挣钱不重要，重要的是要拿下经营权，并验证产品、新技术的可行性。

有一点需要注意的是，在用这 30% 的时间和资源为战略目标做事的时候，负责的员工很可能会认为这件事不重要，因为它和业绩无关。所以，为了让所有人都重视这件事，我们把它命名为"必赢之战"。而如何打好这场必赢之战，我给你一点建议，那就是要对目标进行合理的拆解，而不是简单地拆分目标。

拆分任务是做加减法，而拆解任务是做乘除法。比如一年完成 2500 万元销售额的目标，你把它拆分成 12 个月完成，每个月完成 208 万元销售额，这就是拆分。而拆解则不一样，假设 100 通电话产生 1 个订单，250 个订单就能在一年内（250 个工作日）完成 2500 万元的销售目标，这时 2500 万元销售目标就可以拆解为：

$$2500 \text{ 万元销售目标} = (100 \text{ 通电话} \times 250 \text{ 天}) \times (1/100) \times$$
$$(2500 \text{ 万元} /250)$$

其中，1/100 是你电话拜访的转化率，2500 万元 /250 是你的客单价。也就是说，要完成这一目标，你应该让员工每天至少打 100 通电话。

而且，一旦把目标拆解成任务，变成乘除法关系，你会发现，你的关注点就变了。为了完成 2500 万元的销售目标，你关注的不再是每天要完成多少万元，而是还有没有办法提高客单价，还有没有方法提高转化率?

期望你能通过把目标拆解为任务，让每个员工都能在未来的一年里知道自己应该做什么，最终打赢这场"必赢之战"。

"认认真真干一年"是解决当下的生存问题，而"看五年"和"想三年"是为了让你对时代保持思考，对变化保持敏感。

你得分配好时间和资源，不要做在盐碱地里种庄稼的事儿。

比如，有人说他们公司现在的整体业绩还可以，增长也还行，但他很纠结，不知道未来是要投入更多精力做研发，还是把更多的资金用在渠道和营销上。其实，要不要在研发上投入更多精力，取决于你对未来五年的判断。如果你判断未来五年你所在的行业只有研发能力强者才能拥有长期优势，那你咬着牙也要投入，不然五年以后你就没有竞争力了。

在制定战略上，你可以用一些战略分析工具来帮助你决策。

比如 SWOT 分析。SWOT 分析是 20 世纪 80 年代初由美国旧金山大学的国际管理和行为科学教授海因茨·韦里克（Heinz Weihrich）提出的。"SWOT"这四个字母代表 Strength（优势）、Weakness（劣势）、Opportunity（机会）和 Threat（威胁）。当然，你只罗列出你公司的优势、劣势、机会和威胁是远远不够的，关键是要把四个字母两两组合，产生四大战略。

第一个战略是 SO（优势 + 机会）。这时候你应该采取增长型战略。

第二个战略是 WO（劣势 + 机会）。当你的劣势阻碍自己抓住机会时，你应该采取扭转型战略，争取更多资源，培养更多能力，改变劣势，赢得难得的机会。

第三个战略是 ST（优势 + 威胁）。虽然你有优势，但是外部充满威胁，你的优势太脆弱了，这时候你应该采取多元化战略，开辟新的战场，在其他地方发挥自己的优势。

第四个战略是 WT（劣势 + 威胁）。这种场景下充满挑战，你应该采取防御性战略，保守一点。

另一个很有用的工具是波士顿矩阵（BCG Matrix），如图 8-1 所示。波士顿咨询的创始人布鲁斯·亨德森（Bruce Henderson）认为，公司要取得成功，必须拥有"增长潜力"和"市场份额"各不相同的业务组合。他用这两个维度画了一个二维四象限矩阵图，并给四种不同的业务起了不同名字——现金牛、明星、问号和瘦狗。

图 8-1　波士顿矩阵

　　现金牛业务通常有很高的相对市场份额，但因此增长潜力就显得低了。明星业务是很有前景的新兴业务，在一个快速增长的市场中占据比较高的市场份额。问号业务是相对市场份额还不高但增长潜力提高很快的业务，比如谷歌的无人驾驶。这些问号业务之所以被称为问号，是因为最终会成为明星或现金牛，还是不幸死掉，没人知道。瘦狗业务是相对市场份额很低也看不到什么增长前景的业务。

　　通过分析这四种业务，企业可以找到相应的战略。比如发展战略，将现金牛业务的收益投入到问号业务中，提高相对市场份额，使其尽快发展成明星业务；比如保持战略，好好养"牛"，不轻易投资，让现金牛业务产生更多的收益；比如收割战略，对于已经出现强大替代产品的现金牛业务，要快速收割短期利益，做好放弃准备；再比如放弃战略，瘦狗业务无利可图，不如早日清理、出售，把资源用于其他更有前景的业务。

类似 SWOT、波士顿矩阵这样的战略分析工具还有很多，比如商业模式画布、波特五力模型等，都可以帮助我们更好地进行战略思考。

不要和没有执行力的人讨论战略

制定完战略后，还有非常重要的一步，那就是执行。不要和没有执行力的人讨论战略。落不了地的战略是空中楼阁，没有执行力的人就是纸上谈兵。要务虚，也要务实。

执行战略需要不断沟通、调整和迭代。这可能需要不断开会，有些人会说：谁还不会开会？事实上，的确有很多人"不会"开会，不知道应该多久开一次会，也不知道每次都讨论什么问题。

关于开会，你可以试试这样：

半年过去了，开一次年度计划大会，花两三天的时间，和所有高管一起关起门来好好复盘上半年，计划下半年。

每个季度开一次季度工作会议，管理层一起讨论战略需不需要调整，有什么重要问题需要解决，对每种情况都仔细分析、拆解。

各个部门每月开一次部门会议。各个部门都有自己的目标计划，要围绕着工作目标、行动计划来展开讨论。如果需要，各个部门还可以开周例会，以周为单位，对战略执行情况进行快速反馈、快速迭代。

当然，也别忘了在执行过程中及时复盘。

我个人的倾向是，按照每周、每月、每季度、每年的节奏进行复盘。

复盘，简单来说，就是要重新检查四件事：年目标、周差距、细计划、强执行。

对年目标进行复盘，能时刻提醒你不要偏离目标。对周差距进行复盘，我们可以举个例子来说。按照原计划，截至这一周你应该已经完成了 100 万元的业绩，但是在过去的几周里，一些突发情况导致到目前你只完成了 90 万元的业绩，于是，你的实际完成情况和预定目标之间产生了 10 万元的差距。找到这个差距，你才能进一步计划如何弥补它。

弥补周差距要靠细计划。细计划一定是一个按照年目标，并结合过往的数据、经验和方法一步一步倒推出来的可衡量的具体动作。比如，之前每周你都会给客户打 30 通电话，但是为了弥补这个 10 万元的差距，你需要额外再多打 100 通电话。但是，在一周时间内打 130 通电话是不现实的，所以，你决定把打 100 通电话的动作分配到未来四周逐步完成。这就是细计划。制订好计划后还要强而有力地去执行。

但是，在这个过程中，你很有可能会遇到一个痛苦的问题，那就是上周做了计划，也按计划执行了，但本周的差距却没有缩小，怎么办？这时你需要重新检查上周的动作，看看是不是做了无用功，所做的事情是不是对实现目标没有帮助。如果是，应立刻调整行动。

这就是复盘。目标刻在钢板上，计划写在沙滩上，通过一遍又一遍的复盘，及时验算、同频、纠正、调整。

但是，复盘之后，调整就一定有效吗？或者说，员工听得进去吗？又或者说，他们听得懂你说的话吗？

员工管理自己，通过体内沟通机制，大脑下发指令给双手，信息传递没有损耗。上级管理员工，通过体外沟通机制，大脑影响别人的大脑，信息传递耗损严重。例如：你思考的是一只老虎，员工却可能理解成一只猫；你说的是一只凤凰，员工却可能理解成一只鸡。

怎么办？一定要使公司上下形成对战略的共识。

没有共识，动作会变形，执行会打折。比如，员工会想："这件事情做到哪儿算哪儿吧""那件事情应该不太重要，那随便弄弄吧""这不是重点啊，非要我做，那我就做着吧，实在不行就放弃"。

再好的战略，如果没有共识，也是执行不下去的。

所以，带兵的副总裁、总监、经理和你有没有共识？
员工是不是真的理解你的战略？

开个会，好好理一理。

虽然环境变化很快，钱越来越难赚，但有一点是不会
变的，即战略要有计划、有执行、有共识，因为"上下同
心者强，上下同欲者胜"。

如果你有执行力，继续保持；如果没有，赶紧训练。

希望你既有制定战略的智慧，也有执行战略的能力。

后 记 ● POSTSCRIPT

愿你永远保持少年的模样

两点钟的月光

静悄悄地照在我身上

抬头看着冷冷的窗

心里却住着最灿烂的远方

世界如此安静

但我却想大声歌唱

因为心中那个梦想

依然湿润着我的眼眶

有一种力量伴我仗剑天涯

有一种力量谁都无法阻挡

有一种力量永远热泪盈眶

以梦为马，我心就是我的边疆

你合十的手掌

我知道是相信的力量

不怕山高水远路长

只要我们站在彼此的身旁

暴雨就在前方

我们也要携手飞翔

你看乌云透着微光

那是梦想指引的方向

有一种力量让我们无惧风浪

有一种力量让我们百炼成钢

有一种力量让我们倔强绽放

前路漫长，等待我们粉墨登场

有一种力量伴我仗剑天涯

有一种力量谁都无法阻挡

有一种力量永远热泪盈眶

以梦为马，我心就是我的边疆

不管世界投来怎样的目光

每一步都要走出绝美的诗行

待斜阳，浅吟低唱

别忘记我们，永远少年的模样

2023 年的年度演讲与往年有一些不一样：我们发布了

年度演讲主题曲，它是由飞羽作曲、我作词的，叫作《少年的模样》。

为什么会起这个名字呢？

2023 年，我见了很多人。他们告诉我，这一年红利变红海，利润越摊越薄，竞争越来越激烈，过得真是非常不容易。

有人说："为了创业，我到处借钱，把房子都抵押给银行了。无数次，深夜两点，我一个人坐在办公室里看着对面办公楼的灯一盏一盏地熄灭，心里百感交集。"

有人说："做直播每天 24 小时像个陀螺一样连轴转，经常一边往嘴里塞午饭，一边掉眼泪。"

还有人说："润总，前两年，我们线下活动办不了，我头发掉了一半，胆结石大了一倍，体重长了 20 斤。以前觉得头发一夜变白是喜剧片，现在才知道是纪录片。最艰难的时刻，公司随时发不出工资，随时倒闭，随时被债主围楼，无数次经历低谷、彷徨、质疑和挣扎。有一次，我坐在 28 楼的窗边，看着夕阳西下，泪流满面。"

最让我破防的是，有人说："创业这几年有多拼呢？这么说吧，上一秒我在医院马上就要被推进产房了，我还在给客户打电话开会。挂断电话前的最后一句话是'你们等我一下，我马上进产房。我先生个娃，等我生完娃咱们接着谈'。客户后来说他当时下巴都要惊掉了。"

但是，我也看到，仍然有很多不惧风浪的"少年"。他们经历了低谷、彷徨、质疑和挣扎，他们害怕与财富、机会擦肩而过，害怕被时代抛弃，但是，他们从未想过放弃，最终凭借着自己的努力摆脱困境，逆势增长。

《少年的模样》这首歌，就是为他们而写的。

我想带你们认识一下我认识的那些穿越周期、逆势增长的"少年"，带你们看一看什么是少年的模样。希望他们的故事能给你们启发，给你们鼓舞和信心。

第一个故事的主人公是一个狂热的户外运动爱好者。他喜欢登山、潜水、帆船、滑雪，爱好到创立了一个自己的户外运动品牌。

他出生在湛江，从小就跟着父亲到处出差，用脚来丈量世界。7岁的时候，他爱上了冒险，常常一个人转上四五趟车，往返100多公里，从农村到城市，再从城市到农村。小小的身躯里，很早就埋下了"仗剑走天涯"这个大大的梦想。

湛江是一个港口城市，20世纪90年代就有很多旧货市场，卖各种从西方漂洋过海而来的老物件，有自行车、登山包、轮滑鞋。高一那年，他从旧货市场买回了自己的第一个登山包，后来背着它走过了很多地方。

2002 年底，在一次登山时，他就像被上帝叫醒了一样，突然意识到："这才是属于我的地方，这才该是我的生活。"

因为对户外运动的终极热爱，他决定把它作为使命，并且在第二年创立了一个户外运动品牌，专注于产业研发，只为攀登。

人生最幸福的事情，不就是以热爱为事业吗？他疯狂热爱户外运动，他的品牌疯狂成长，他们一起爬上了自己的最高峰。

直到 2013 年，因为一次意外，他受了重伤，腰椎骨折，脊髓损伤，医生为他做了诊断后，说他这辈子都要坐轮椅了。

你能想象吗？一个疯狂的户外运动爱好者、一个户外运动品牌的创始人，从此以后只能坐轮椅了。他仿佛听到了命运的冷笑：你不是喜欢户外运动吗？你不是热爱自己的事业吗？命运把他重重地摔在了地板上，然后使劲踩。怎么办？登山、骑摩托、滑雪……过去触手可及的事情，以后都变成不可能了。人生中每一座熟悉的山丘，都变成了他的"未登峰"。对他来说，这无异于绝望的深渊。

但他没有服输。他对我说："润总，你可能不信，手术醒来后，当我知道自己再也站不起来时，我就开始上网查坐在轮椅上能做什么户外运动。生命突然给了我一座我从来没有攀登过的高山。这座山是高了一些，但是，每个人都有自己的那座高耸的‘未登峰’。绝不服输，坚持向上，不正是攀登的全部意义吗？”

几个月后，他居然真的回到了雪道上，只是，别人是站着滑雪，而他是坐着滑雪。

听完他的故事，我久久说不出话来。

我以前讲过一件事：如果你骑着自行车从北京潘家园旧货市场出来，车后座上绑着一个古董瓷器，在一个大转弯处突然"哐当"一声，古董重重地摔在了地上，摔得稀碎，这时你应该头也不回地往前骑。因为它已经摔碎了，你停下来也于事无补。

他也做出了一样的选择，病床上的他没有躺平，而是选择用积极去对抗焦虑。既然是"未登峰"，那就继续去攀登，头也不回，一路向前。

他知道不能放弃，因为他只有跨越这座"未登峰"，才能找回自己的热爱和信念，才能继续活下去。

他成功了，坐着轮椅重新驰骋于雪道上，在冰雪中飞翔。现在，他又开着 UTV（全地形越野车，有点像沙滩车）驰骋赛场了，他还琢磨着改装一辆摩托车，去完成下一个挑战。

这两年，很多人认为户外生意一定受到了重创。的确是这样，但是他不服输，坚持向上。因为专注于登山产品，专注于推动登山和探险运动的发展，在最艰难的那两年，他的公司反倒实现了高质量的逆势增长，其中登山类产品增长了将近 3 倍。

他就是户外运动品牌凯乐石的创始人钟承湛，是中国第一个学习坐式滑雪的人。他说："滑雪的意外虽然让我无法登山，但我的攀登并未因此终止。请不要为我遗憾。"

第二个故事的主人公从小就喜欢做东西，他经常拆卸家里的各种东西，收集磁铁、齿轮、马达……然后用皮带把它们绑在泡沫塑料上，做成简易的但可以在水里跑的小船。长大后，他去东莞打工，从早上 7 点开始工作，一直忙到夜里两点。后来，他还卖过保险，做过房产中介，开过小饭店。日子若是就这样一天天地过去，一生安于平凡，平平淡淡，似乎也不错。

然而，一次偶然的机会，他看到有人在操作遥控飞机。那一刻，他内心深处那个久违的梦想喷涌而出。

他在给我讲这段经历的时候，眼里是有光的。

整整 10 年后，他终于做出了一款重达 256 千克的"飞行摩托"，并且试飞成功。他把那款飞行摩托叫作"筋斗云"。

但是，有人对此质疑："筋斗云？那可是只有齐天大圣孙悟空才敢玩。你这个飞行摩托上面都没人，没人敢坐的试飞怎么能叫成功？"

在这样的质疑声中，他的公司陷入了低谷，员工都离他而去，只剩下一位工程师。周围传来的不屑和嘲笑声，落入他的耳中，恍如一根根利刺一般，狠狠地扎在他的心上，让他喘不过气来。

梦想很轻盈，但现实的地心引力太大了。

是散伙，还是躺平？

这是一个艰难的抉择。

这之后不久是他母亲的 70 岁生日，他回家陪她说了很多话，就像再也没机会说一样。然后，他回到广东，坐上了"筋斗云"，飞上了 8 米的高空，就像在三层楼上施工却没有安全保护。他说："我也怕。别人创业可能会亏钱，而我创业则可能会丢命。"

但是，当"筋斗云"缓缓落地的那一刻，他知道，这一次是真的成功了。

今天，他已经开始造飞行汽车了，他的公司估值已超过 10 亿美元。

他儿时的梦想正在一步一步变成现实。

他就是赵德力，他的公司叫小鹏汇天。

第三个故事的主人公 30 多岁才开始创业。20 世纪 80 年代，他接受了当时食品工业协会分配的一项科技扶贫任务，到河南省南乐县参与扶贫工作。要扶贫，总得先了解当地有什么资源。

当地的老书记说："这里生活贫穷，交通闭塞，资源少得可怜。别的什么都没有，只有两样东西，一是黄河大鲤鱼，二是鸡。黄河大鲤鱼是稀缺资源，碰不得的。鸡倒是多得很，也便宜，一元一只。你能不能帮我们把鸡卖出去？"

他想了又想，觉得这似乎有点难，但是把鸡做成有一定科技含量的产品却是可能的。

做成什么呢？

他了解到，当时欧洲已经有了牛汤块，日本有了鲣鱼精，那能不能利用自己的专长，把鲜味技术和鸡的深度加工结合起来做出新的调味品？正好他原来的研究课题就和这个相关。

然后，他紧锣密鼓地开展了针对这一项目的一系列科学实验，还有关于质量标准、设备、工艺设计等的研发和准备工作。到 1984 年底，他终于研究出了味精的替代品，也开创了中国调味品市场的一个新品种——鸡精。

这个新产品上市之后，受到了消费者的广泛欢迎和喜爱，在市场上引起了轰动。

在外闯荡一番后，他带着鸡精回到自己的家乡无锡，创办了无锡三新食品研究所。

1988 年，他又自己投资创办了一家实业工厂，他希望让全国十几亿人都能尝到更鲜美的滋味。

为了把自己的企业做大做强，1991 年，他怀揣几十美元，带着两集装箱产品去了美国。在唐人街摆了几年摊后，他的产品终于走进美国超市，正式走向全球。

又经过十多年的发展，到了 2002 年，他的产品已经打败了当时的全球四大调味品牌——德国的家乐、瑞士的美极、日本的味之素、韩国的希杰，销量全球第一。

但他并没有停下前行的步伐，年过半百时，他又创立了一个全新的、能帮助人们恢复脑力的能量饮料品牌。

为了把这个新产品做好，他不断地研究成分、包装和工艺。最终，在成分上，他找到了植物爪拉纳，其提取物含有 8 种人体必需的氨基酸及牛磺酸；在包装上，他选用了绿色玻璃瓶；在工艺上，他像第一次创业那样死磕到底。即便是一个瓶盖，他也要做到极致——既不能太紧以免拧不开，也不能太松以免漏气，并且既要能轻松拧开，又要有一定的力量感。他说，他找遍了全世界，只找到一家工厂能做到他要求的程度。

设计出一款好产品，可能有 90 个细节要研究。而要做好一家企业，则可能有 9 万个细节要管理。这需要耗费巨大的心力，但是，永远不能说"算了吧"。

后来，他又遇到了一个新课题——直播。搞不懂直播，怎么办？他想：不会就学！于是，72 岁的他不断出现在直播间。

退休？躺平？绝不。不行就再来一遍。

他就是荣耀中，太太乐和日加满的创始人。

这三个故事中的主人公，就是我所说的少年的模样。

所谓少年的模样，就是无论面对什么事，都无所畏惧，不言放弃，并且会想办法搞定。

在日常生活中，我们也许会遭遇各种委屈，可能来自客户的压力、上司的刁难、同事的中伤、供应商的无赖、家人的不理解……我知道你比谁都难。

但是，少年的模样就是嚼着玻璃，凝视深渊。

既然必须穿过地狱，那就勇往直前。

在一条注定有危险的路上，活下去，绝不躺平，绝不放弃，绝不认输。

即使有不可抗力因素，只要使命还在，斗志就在，敢于归零，从头再来。

我很喜欢莱纳·玛利亚·里尔克（Rainer Maria Rilke）

的一句诗：

"我认出风暴而激动如大海。我舒展开来又蜷缩回去，我挣脱自身，独自置身于伟大的风暴中。"

这，就是少年的模样。

愿你永远保持少年的模样，愿你永远勇敢无畏地走在进化的路上。

推荐阅读

关键跃升：新任管理者成事的底层逻辑

从"自己完成任务"跃升到"通过别人完成任务"，
你不可不知的道理、方法和工具，一次性全部给到你

底层逻辑：看清这个世界的底牌

为你准备一整套思维框架，助你启动"开挂人生"

底层逻辑2：理解商业世界的本质

带你升维思考，看透商业的本质

进化的力量

提炼个人和企业发展的8个新机遇，帮助你疯狂进化！

进化的力量2：寻找不确定性中的确定性

抵御寒气，把确定性传递给每一个人

进化的力量3

有策略地行动，无止境地进化

关键时刻掌握关键技能

人际沟通宝典
《纽约时报》畅销书，全球畅销500万册
书中所述方法和技巧被《福布斯》"全球企业2000强"中近一半的企业采用

部分推荐人

史蒂芬·柯维 《高效能人士的七个习惯》作者	刘润 润米咨询创始人
菲利普·津巴多 斯坦福大学心理学教授	樊登 帆书（原樊登读书）创始人

关键对话：如何高效能沟通 （原书第3版）

应对观点冲突、情绪激烈的高风险对话，得体而有尊严地表达自己，达成目标。
说得切中要点，让对方清楚地知道你的看法，是一种能力；
说得圆满得体，让对方自我反省，是一种智慧。

关键冲突：如何化人际关系危机为合作共赢 （原书第2版）

化解冲突危机，不仅使对方为自己的行为负责，还能强化彼此的关系，
成为可信赖的人。

影响力大师：如何调动团队力量 （原书第2版）

轻松影响他人的行为，从单打独斗到齐心协力，实现工作和生活的巨大改变。

关键改变：如何实现自我蜕变

快速、彻底、持续地改变自己的行为，甚至是某些根深蒂固的恶习，
这无论是对工作还是生活都大有裨益。